Zauberhafte Dekorationen

für drinnen und draußen

Inspirationen für alle Jahreszeiten

Text Silke Kluth
Fotografie Elke Borkowski

Hier zeigt sich der Reiz farblicher Kontraste: Das helle Grün der fein behaarten Früchte der Igel-Gurke *(Cucumis dipsaceus)* kommt auf dem korallenroten Hagebuttenkranz besonders gut zur Geltung.

Inhaltsverzeichnis

Die ersten warmen Sonnenstrahlen, die ersten Blüten des Gartenjahres – Anlässe genug, um bei einer Tasse Kaffee das Ende der winterlichen Ereignislosigkeit zu feiern. Die Schneeglöckchen dazu gibt es vorgezogen beim Gärtner.

Kein Schneeglöckchen gleicht dem anderen

Von der Kunst, Feste zu feiern, wie sie blühen

Es ist schon ein merkwürdiges Schauspiel, das sich alljährlich im Februar in England abspielt: Erwachsene Menschen kriechen fast bäuchlings auf der Erde herum und begeistern sich – für Schneeglöckchen. „Snowdrop Party" oder „Galanthus-Gala" heißen solche Events, und alle, die Spaß und wissenschaftliches Interesse an der Vielfalt dieser kleinen Frühjahrsblüher haben, sind eingeladen, neueste Erkenntnisse und Sorten auszutauschen. Tatsächlich gleicht (fast) kein Schneeglöckchen dem anderen: Es gibt mehrere hundert Sorten, gefüllt und ungefüllt, mit grünen Kreuzen oder Spitzen, manche duften sogar nach Mandeln oder Honig. Erstaunlich, nicht wahr? So gesehen kann man gut verstehen, dass „Galanthophile" sich ein Fest daraus machen, wenn Schneeglöckchen in Blüte stehen. Tun wir es ihnen gleich!

Bild oben:
Die gefüllt blühende Sorte des Schneeglöckchens *(Galanthus nivalis* 'Flore Pleno') stellt ein rüschiges Röckchen zur Schau. Im Garten eignet sie sich sehr gut zum Verwildern.

Bild unten:
'Viridapice' ist eine größere Sorte mit grünen Zeichnungen an den Spitzen der inneren und äußeren Blütenblätter. Solche Besonderheiten erhält man bei Raritätenhändlern.

Ein Dekoherz als Mitbringsel mit individueller Note. Den Hornveilchen *(Viola cornuta)* macht es nichts aus, wenn man dafür ein paar ihrer frechen Blütengesichter wegpflückt: Sie bringen von April bis Oktober immer neue Knospen hervor.

Schließlich muss man die Feste feiern, wie sie blühen, und mit Schneeglöckchen bietet sich im Gartenjahr die erste Gelegenheit dazu. Macht nichts, wenn man vergessen hat, im Herbst ihre Zwiebelchen in einem Topf zu versenken, damit man sich aus nächster Nähe daran erfreuen kann, wie sich die hellgrünen Knospen tapfer immer weiter an das noch recht spärliche Februarlicht wagen, beizeiten ihre weißen Blüten entfalten und so der winterlichen Ereignislosigkeit ein glückliches Ende setzen: Gärtner und Gartencenter haben das erledigt. Ein, zwei, drei Töpfchen kaufen, in hübsche Gefäße setzen, und schon kann das Fest zu Ehren der Schneeglöckchen beginnen.

Geteiltes Vergnügen ist doppeltes Vergnügen, und was gibt es Schöneres, als Gleichgesinnte einzuladen, gemeinsam bei einer Tasse Kaffee oder Tee zu fachsimpeln, zu schwärmen, zu träumen, Pläne zu schmieden oder einfach nur zu genießen?

Wer weiß – vielleicht machen solche Einladungen ja rasch Schule, und man trifft sich reihum, wenn die neue Rose blüht oder der Apfelbaum zum ersten Mal ordentlich Früchte trägt. Zahlreiche Anregungen und Ideen, wie man sich und anderen diese Feste zu jeder Jahreszeit so richtig schön gestalten kann, finden Sie in diesem Buch. Viel Spaß beim Feiern!

Ob Einladung zu einer Narzissenparty oder zum Geburtstag: Über einen solchen Geschenkekorb mit allerhand Nützlichem freut sich jeder Hobbygärtner. Im Sommer kann man den Korb zum Beispiel mit Rosen, im Herbst mit Dahlien schmücken.

Moos-Ei: Wetten, dass Nachbarn und Passanten nicht schlecht staunen werden, wenn im Garten zu Ostern ein solches Prachtstück auf dem Baum wächst? Dabei ist die Fertigstellung kein Hexenwerk – die Anleitung steht rechts.

Schöne Grüße vom Osterei

Eins hat Ostern mit Weihnachten gemein: Immer läuft alles nach alten Ritualen ab. Die Oma brät Karfreitag Fisch für alle, isst aber selbst keinen. Samstags werden die Eier gefärbt, sonntags Weidenkätzchen in eine Vase gestellt und jeder futtert sich mit hart gekochten Eiern ein kurzfristiges Cholesterinhoch an. Das ist gut so. Rituale haben etwas Vertrautes und damit sehr Wohltuendes.

Dennoch: Innerhalb eines solch festgelegten Ablaufs einmal etwas Neues auszuprobieren, kann ungeheuer belebend sein und allen richtig Spaß machen. Wie, zum Beispiel, die Ostereiervariationen auf diesen Seiten. Sie wirken, als hätte ein riesiger Paradiesvogel sie im Garten auf Bäume oder an lauschige Ecken gelegt, und ziehen unweigerlich die staunenden Blicke von Nachbarn und Passanten auf sich. Die Familie steht derweil kichernd im Haus hinter der Gardine. Und auch ein bisschen stolz, denn solche Exemplare machen ja richtig etwas her. Dabei sind sie gar nicht so schwer hinzubekommen. Gewusst, wie!

Die Materialbeschaffung hat etwas vom Eiersuchen: Ginster findet man beim Osterspaziergang, Narzissen, Tulpen und andere Frühjahrsblüher im Garten (oder beim Floristen). Immergrüne, wie Spindelstrauch und Kirschlorbeer, steuern schmückendes Blattwerk bei und sogar Rhododendronknospen und Rotkohl finden bei ausreichend Fantasie Verwendung. Da hilft nur, mit offenen Augen durch Natur und Garten zu gehen und vielleicht sogar die Gemüsevorratskisten zu durchstöbern. An diesem Suchspiel haben auch Kinder ihren Spaß – und schon ist eine neue Familientradition geboren! Das Gute daran ist: Man kann sich jedes Jahr neue Paradiesvogeleier ausdenken, und die werden mit der Zeit – und durch die Übung – immer schöner. Wenn man ein solches „Kunstwerk" einmal mit eigenen Händen geschaffen hat, kommen einem nämlich die Ideen viel leichter in den Sinn. Das grundlegende Erfolgsgeheimnis versteckt sich unter Blättern und Blüten: Es sind Formen aus Styropor oder Feuchtsteckmasse, die man im Bastelfachhandel oder beim Floristen kaufen kann. Diese werden einfach mit den bunten Blumenfundstücken und Laub besteckt. Die Feuchtsteckmasse frischt man mit Wasser immer wieder einmal auf, so dass die verwendeten Pflanzen in den Garten-Ostereiern etwa so lange halten wie in der Vase. Wenn das Wetter kühl ist, sogar länger. Außerdem ist es möglich, Verblühtes durch neue Tulpen, Narzissen oder das, was gerade da ist und gefällt, zu ersetzen und die Lebensdauer somit noch einmal zu erhöhen. Wetten, dass sich alle einig sein werden: Die schönsten Ostereier „wachsen" im Garten!

Gefülltes Moos-Ei

Sie brauchen: einen Block Feuchtsteckmasse, Krampen, Moos, Narzissen, Zweige von gelb panaschiertem Spindelstrauch (Euonymus), Rhododendronknospen, gelbes Schleifenband.

So wird's gemacht: Die Feuchtsteckmasse mit dem Messer in Eiform zuschneiden. Für die „Eihülle" an den unteren zwei Dritteln Moos mit Krampen feststecken. Darüber Narzissen, Spindelstrauch, Rhododendronknospen und noch einmal Narzissen in Runden feststecken. Zum Schluss die Schleife umbinden.

Sandwich-Ei: Fast Food für Vegetarier? Von wegen. Eher eine ebenso verblüffende wie feierliche Ostervariante, die mit dem wie gelackt scheinenden Laub des Kirschlorbeers *(Prunus laurocerasus)* und den Freesien zum Augenschmaus gerät.

Sandwich-Ei

Sie brauchen: ein teilbares Styropor-Ei, Kaltleim, Blätter vom Kirschlorbeer, einen Streifen Feuchtsteckmasse, Buchszweige, gelbe Freesien und gelbes Schleifenband.
So wird's gemacht: Mit Kaltleim die Kirschlorbeerblätter auf die beiden Styroporhälften kleben. Den Streifen Feuchtsteckmasse so zwischen die beiden Hälften legen, dass vorne ein Schlitz offen bleibt; die Ei-Rückseite bleibt dabei geschlossen. Die Steckmasse mit Buchs und Freesien bestecken und die Schleife umbinden.

Rotkohl-Ei

Sie brauchen: ein Styropor-Ei, Feuchtsteckmasse, Rotkohlblätter, Tulpen und Ginster.
So wird's gemacht: Einen Ausschnitt in das obere Ende des Styropor-Eis schneiden, der etwa so groß ist wie ein Glas, das ungefähr einen Viertelliter Wasser fasst. Die Feuchtsteckmasse in den Ausschnitt hineinlegen. Die Rotkohlblätter rundum und am oberen Rand mit Krampen feststecken, so dass vom Styropor nichts mehr zu sehen ist. Zum Schluss die Tulpen und den Ginster dicht an dicht in die Feuchtsteckmasse stecken und diese feucht halten.

Rotkohl-Ei: Der besondere Reiz dieser farblich spannenden Komposition steckt darin, dass sich hier die Jahreszeiten begegnen, denn die Frühjahrsboten Tulpe und Ginster scheinen aus dem Herbst- und Wintergemüse Rotkohl zu wachsen.

Ein Trick verlängert die Freude an diesem klassisch angehauchten Osterarrangement: Von den kleinblütigen Narzissen wurde ein Topf mit bereits blühenden Pflanzen und einer mit noch knospigen Exemplaren in den eisernen Korb gesetzt.

Die Alternative: Ostern klassisch und edel

Traditionell ist Ostern bunt. Kein Wunder: Nach der langen Winterzeit braucht man einfach Farben fürs Gemüt. Und so lange die Kinder mitfeiern, sind weiße Eier schlicht und ergreifend sowieso keine Ostereier. Diesem ungeschriebenen Gesetz brauchen sich die Liebhaber der klassischen Moderne jedoch nicht zu unterwerfen. Wenn die Wohnungseinrichtung geradlinig, vorwiegend weiß und edel ist, warum soll dann im Garten und auf der Terrasse die kunterbunte Fröhlichkeit ausbrechen?

Beim Ostern der festlichen Art spielen Silber oder Silbergrau, Weiß und Grün die Hauptrolle. Sie strahlen die Frische aus, die unbedingt zur Frühlingsstimmung gehört. Sparsam eingesetzte Farbtupfer – kleinblütige, gelbe Narzissen, wie die Sorte 'Tête-à-Tête', oder orangefarbene Ranunkeln – sind natürlich erlaubt: Sie bringen Leben in die Arrangements. Puristen mögen bei dieser Vorstellung zusammenzucken. Ihnen seien Tulpensorten empfohlen, deren Rosa silbrig schimmert: die gefüllte 'Peach Blossom', die mit ihren nur 30 Zentimeter Höhe prima in Töpfen und Schalen gedeiht, oder 'Pink Star', deren gefüllte Blüten denen von Pfingstrosen ähneln und die ein ziemlich gewagtes Farbenspiel zwischen kühlem Rosa und Apricotorange zur Schau stellen.

Klassisch wird die Osterdekoration allerdings in erster Linie durch das Drumherum: Hier sind Töpfe gefragt, die aus einem englischen Schlosspark stammen könnten. Schnörkelige und schlichte Vasen oder Urnen aus Stein oder Gusseisen sowie Pflanzgefäße aus Blei oder Metall verbreiten das typische Flair formaler Gärten. Klar: Solche exklusiven Gefäße haben ihren Preis. Jedoch sollte man dabei ins Kalkül ziehen, dass darin schon ein simples (und preiswertes!) Hornveilchen zum Blumenadel aufsteigt. Außerdem kommt die nächste Jahreszeit bestimmt. Dann glänzen darin Kapmargerite *(Osteospermum)* und Elfensporn *(Diascia)* in kühlem Pink, Silberblattlavendel und, im Winter, eine weiße Christrose *(Helleborus)*.

Bild unten:
Klassische Vasen in verschiedenen Größen, Kränze aus Eiern und Federn sowie ein Riesenei gruppieren sich vor einem Mini-Gewächshaus. Weiß blühende Polsterstauden, wie Steinbrech *(Saxifraga × arendsii)* oder Gänsekresse *(Arabis)* passen gut hierzu, ebenso Hornveilchen.
Bild ganz unten:
Silber, Weiß und Grün – diese Farbkombination hat eine besonders frische und festliche Ausstrahlung. Das Porzellanhäschen sitzt in einem Nest aus Mattenmoos, Efeuranken, Federn und – warum nicht? – einem Kunstblümchen.

Nostalgischer geht es kaum: In den Spanschachteln sind „Eierschalenvasen" mit rosa Tausendschönchen *(Bellis)* und himmelblaue Vergissmeinnichtblüten in Mattenmoos eingebettet. Dazu ein Sträußchen streichelweicher Weidenkätzchen.

Ostern wie aus dem Poesie-Album

Verträumte Seelen dürfen sich heute gern wieder zu ihrer romantischen Ader bekennen. Erst recht zu Ostern: Der Frühling ist schließlich die schönste Zeit für zarte Gefühle und hat bekanntermaßen schon Eduard Mörike zu seinem schwärmerischen Gedicht mit dem blauen Band in den Lüften und den süßen, wohlbekannten Düften, die ahnungsvoll das Land streifen, hingerissen – und der war immerhin ein Mann. Vergissmeinnicht und Tausendschönchen eignen sich für derlei romantische Inszenierungen besonders gut: Sie sind niedlich klein, leicht zu bekommen und die Pastelltöne Himmelblau und Rosa passen perfekt zum Thema. Das „Spanschachtelnest" mit den Eierschalenvasen im Bild oben wurde farblich entsprechend gestaltet. Dazu streicht man die Schachteln erst mit Bastelfarbe in Weiß vor, dann deckend in Hellblau. Einen antiken Touch erhält das Ganze, indem man mit feinem Schleifpapier die weiße Farbschicht wieder etwas hervorholt. Das Tüpfelchen auf dem i ist eine Erinnerung an frühere Zeiten, als man noch das Poesiealbum herumreichte: Das Glanzbildchen – mit einem Augenzwinkern auf den Deckel geklebt – bringt ein Quäntchen Kitsch und den Betrachter zum Schmunzeln. Wie herrlich!

Da staunt der Terrakottahase nicht schlecht: Die Tontöpfe wurden mit aufgeklebten Hyazinthenmotiven und Farbe perfekt auf ihren duftenden Inhalt abgestimmt. Ein paar locker zusammengedrehte Birkenäste (rechts) erinnern ans Osternest.

Als Romantikvariante sei die Hyazinthe empfohlen, bei der die Mörike-Düfte ins Spiel kommen: Gemäß ihrer orientalischen Herkunft verströmt die Zwiebelblume ein schweres Parfüm. Das ist nicht jedermanns Sache, und so wurde schon manches Exemplar nach dem Aufblühen in den Hausflur verbannt. Auf Balkon und Terrasse liegen die Dinge dagegen völlig anders: Ein süßer Hauch, der beim Vorbeilaufen oder Betrachten die Nase kitzelt, kann einen schon in Verzückung bringen. Außerdem ist es ein tolles Frühlingserlebnis, zu beobachten, wie die knospigen Blütenkerzen sich Tag für Tag langsam immer weiter zu hellblauen, rosafarbenen oder weißen Rüschen entfalten. Wer Glück hat, kann auch schon mal eine Sorte in apartem Creme oder Apricot ergattern. Hauptsache pastellfarben, damit die romantische Stimmung so richtig gut zur Geltung kommt.

Eine Osterdekoration mit Hyazinthen wirkt schon in schlichten, hochgezogenen Tontöpfen. Mit etwas Farbe und ein paar Servietten mit aufgedruckten Hyazinthenmotiven schafft man ein perfektes Bild: Bei den Töpfen oben im Foto wurde blaue und weiße Bastelfarbe mit einem Schwämmchen aufgetupft und die ausgeschnittenen Motive mit einem speziellen Lack für Serviettentechnik aufgeklebt.

Ungewohnt und gerade deshalb ungemein reizvoll: ein Osternest der ganz anderen Art. Zwischen orangefarbenen Ranunkeln und den Porzellan ähnlichen australischen Waxflowers „gedeihen“ Blumenzwiebeln auf Tontöpfchen.

Lust auf neue Osternestinspirationen

Wer am liebsten etwas ganz Neues ausprobieren möchte, kann einfach mit den typischen „Zutaten“ der Osterdekoration spielen. Eine Blumenschale aus Ton, eine Salatschüssel aus Glas bzw. Porzellan oder, wie im links gezeigten Beispiel, ein Korb aus edelrostigem Metallgeflecht geben eine prima Grundlage für ein Osternest der besonderen Art ab. Neben den Dauerbrennern Tulpe und Narzisse erobern sich derzeit die Ranunkeln einen Platz im Herzen der Blumenliebhaber. Ihre natürliche Blütezeit beginnt im Mai, doch bei den Floristen ist sie bereits im Januar zu haben. Die dicht gefüllten Blütenschalen leuchten von Rot über Lachs und Orange bis Gelb, für zartere Gestaltungen wählt man Sorten in Weiß und Pastell. Im Metallkorb mit den orangen Ranunkeln spielen Waxflowers – Floristiknewcomer aus Australien – eine duftende Nebenrolle. Als pfiffiges Detail wurden Blumenzwiebeln auf Drähte gesteckt und mit Mattenmoos in kleine Töpfe gebettet. Damit das Arrangement seine Form behält und die Blüten länger frisch bleiben, enthält der Metallkorb eine feuchte Steckmasse, in die alles eingesteckt wird. Vorsicht bei Ranunkeln: Sie haben weiche Stiele, man muss also beim Stecken mit etwas Gefühl vorgehen.

Eine andere Osternestanregung geht von dem Gedanken aus, etwas zu nutzen, das im Garten oder auf der Terrasse bereits vorhanden ist. So wird um eine kleine Figur, wie den kleinen Flötenspieler im Bild links, einfach ein „Nest“ herumgebaut. Dieses kann aus verwobenem Efeu oder Weidenzweigen bestehen, garniert mit etwas Grün. Oder aus einem Kreis von Tontöpfchen, die man mit Stiefmütterchen, Primeln oder Hornveilchen bepflanzt hat. Die Idee lässt sich noch weiter variieren. Wer keine Figur hat und sich auch keine anschaffen möchte, kann ebenso gut eine bepflanzte Schale oder klassische Vase in ein Osternest setzen. Oder eine Narzisseninsel österlich umrahmen. Was Figur und Pflanzgefäß betrifft: Der nächste Dekoanlass kommt bestimmt. Mit wenig Aufwand kann man so immer wieder neue Überraschungen inszenieren, die im Vorgarten als hübsches „Herzlich Willkommen“ fungieren. Nicht nur an Festtagen wie Ostern, Halloween und Weihnachten. Auch wenn jemand im Haus Geburtstag hat. Oder wenn man Gäste erwartet. Oder ganz einfach, wenn die Rosen endlich wieder voll in Blüte stehen.

Bild unten:
Eine zauberhafte Idee für eine hübsche Osterecke im Garten: An einem lauschigen Plätzchen sitzt ein kleiner Terrakottaflötenspieler, umringt von blühendem Immergrün *(Vinca)* in einem „Nest“ aus naturfarbenen Eiern und Federn. Fast kann man sie hören, seine Melodien – auf jeden Fall erzählen sie von der Leichtigkeit des Seins im Frühling.

Sträuße – frühlingsfrisch und edel kombiniert

Im April und Mai weiß man gar nicht so recht, wohin man zuerst schauen soll. Es ist die Hochzeit der großen Zwiebelblumen. Sogar Menschen, die sonst weniger mit Sträußen zu tun haben, können jetzt nicht widerstehen. Vor allem bei Tulpen, denn nie sind sie günstiger zu haben. Und ungemein reizvoll, wenn man zu schätzen weiß, dass sie in der Vase weiterwachsen und das brave, geordnete Blüten-Tête-à-tête ein wildes Eigenleben mit sich biegenden Stängeln entwickelt. Ein phantastisches Schauspiel! Das man natürlich berücksichtigen muss, wenn man Tulpen mit anderen Pflanzen kombiniert.

Und von Kombinationen soll hier die Rede sein. Von außergewöhnlichen, um genauer zu sein, bei denen die Tulpen höchstens einmal Mitspieler sein dürfen. In der Hauptrolle werden hier die Kaiserkronen präsentiert, die auch das jeweilige Farbthema der Sträuße vorgeben. Wie das wunderbare Orange von *Fritillaria imperialis.* Mit frischem Grün ergibt sich ein spannendes Farbenpaar, ein lebendiger Kontrast mit richtig Power – Vitamine für müde Seelen. Das Orange stammt im Mai von Blütenpflanzen wie Kaiserkrone, Tulpen und Ranunkeln. Beim Frühlingsgrün jedoch ist die Auswahl überwältigend. Allein die Blüten sind oft von der ungewöhnlichen Sorte: die grünlich angehauchten Kugeln des Schneeballs, die kräftig gelbgrünen Hochblätter der Mandelblättrigen Wolfsmilch *(Euphorbia amygdaloides)* oder die Blütenschalen der Stinkenden Nieswurz, die jetzt bereits die bizarren Fruchtstände ausbilden. Zugreifen kann man aber auch bei Zweigen mit frischem Laub: Die fein gefiederten Blätter der Vogelbeere, die rührenden, sich gerade aus der Knospe entfaltenden Finger der Rosskastanie, die noch an Babyhändchen erinnern, die Zweige von Birke und Buche – all das verleiht dem Strauß Frische und eine gewisse Üppigkeit. Das gilt genauso, wenn andere, außergewöhnliche Farben zu kombinieren sind, so wie das Aubergine der Persischen Kaiserkrone. Wer es edel und zurückhaltend mag, verbindet sie mit grünlichen, cremeweißen oder -gelben und violettblauen Blüten. Soll der Strauß temperamentvoller daherkommen, passt etwas Orange und – für Mutige – Karmin oder sogar Magenta dazu. Bei Letzten ist die Hauptsache, dass die Farbe einen Stich Blau enthält und nur sparsam eingesetzt wird. Unter den vielen Tulpen- und Ranunkelsorten findet man bestimmt das Richtige.

Einige der hier genannten Blumen haben, was die Vase betrifft, so ihre Eigenarten. Mit diesen Profi-Tipps haben Sie länger etwas von der Blütenpracht:

- Tulpen stellt man in nur wenig Wasser ein.
- Kaiserkronen brauchen einen guten Anschnitt und viel Wasser; bei *Fritillaria persica* sollte es handwarm sein.
- Ranunkeln sollte man von weichen Seitentrieben und dem meisten Laub befreien.
- Bei Wolfsmilch wird der Milchsaftfluss gestoppt, indem man die Stielenden kurz in heißes Wasser oder in eine Kerzenflamme hält. Die Stiele bei einem Wasserwechsel nicht wieder neu anschneiden.
- Christrosen und Nieswurz gut anschneiden.
- Hasenglöckchen im Garten schneiden, sobald sich von unten her die ersten Blütenknospen öffnen.

Maigrün und Orange geben ein erfrischendes Farbenpaar ab. Kaiserkronen *(Fritillaria imperialis)*, Schneeballblüten *(Viburnum opulus* 'Roseum'), Tulpen und Ranunkeln und zwei Busch-Windröschen *(Anemone nemorosa)* im Topf.

Extravagant: Auberginefarbene Persische Kaiserkronen *(Fritillaria persica)* bilden einen wirkungsvollen Kontrast zum Gelbgrün der Wolfsmilchblüten *(Euphorbia)* sowie den weißen Christrosen *(Helleborus)* und Schneeballblüten *(Viburnum)*.

Edle Kombination aus auberginefarbener Persischer Kaiserkrone, cremeweißen Tulpen, grünlicher Nieswurz *(Helleborus foetidus)* und blauen Hasenglöckchen *(Hyacinthoides)*. Die Zweige der Vogelbeere verleihen allen drei Sträußen Struktur.

Eine Büste in Spitze verleiht dem Maiarrangement mit Waldmeister einen gewissen Witz. Weißer Flieder, die Wedel des Straußenfarns *(Matteuccia struthiopteris)* und weiß panaschierte Funkienblätter schmücken den mit Schneckenhäusern gefüllten Sektkübel.

Unbestritten ist der Mai der Monat, in dem die meisten Paare sich ihr Ja-Wort geben wollen. Ritterlich begibt sich – meist auf Wunsch seiner Liebsten – Monate vorher

Der Mai: zum Verlieben schön

so manch zukünftiger Bräutigam in aller Herrgottsfrühe zum Standesamt, wenn die Termine für einen der begehrten Samstage im Mai vergeben werden. Ist das nicht romantisch?

Obwohl heutzutage auch schon mal in Mintgrün oder Champagner geheiratet wird, verbindet man den Tag und die Zeremonie immer noch mit der Farbe Weiß. Es gibt auch Menschen, für die der Mai an sich etwas mit Weiß zu tun hat. Sicher kann man das damit erklären, dass in diesem Monat die Natur noch so frisch und rein daherkommt: Kein Staub beschmutzt das Laub, und die Auswirkungen von Pilz- und Schädlingsattacken sind noch nicht zu bemerken. Möglicherweise liegt in dieser Reinheit auch einer der Gründe, warum jetzt bevorzugt geheiratet wird. Alles ist neu, das Leben steht in vollster Blüte, und den ganzen Sommer hat man noch vor sich. Nun vermählt man sich nicht alle Jahre und es spricht nichts dagegen, statt der Hochzeit einfach den Mai selbst mit einem Fest in Weiß zu feiern. In Weiß und Grün, um genauer zu sein, und das nicht nur, weil jetzt der Waldmeister blüht, sondern vor allem, weil diese zarte Kombination am allerbesten zu diesem Monat passt.

Romantische Mai-Deko: Nelken in Schleierkraut wirken alles andere als spießig, wenn das Schleierkraut nicht so brav dicht an dicht gesteckt wird, sondern ein bisschen „winken" darf, und hier und da einige Kletter-Hortensien als Nachbarn hat.

Romantische Mai-Deko

Sie brauchen: Fertigsteckmasse in Halbkugelform, Schleierkraut, Blätter und Blüten einer Kletter-Hortensie, weiße Nelken.

So wird's gemacht: Nelken, Kletter-Hortensie und Schleierkraut in die Steckmasse stecken. Achten Sie darauf, dass die Steckmasse immer etwas feucht bleibt. Die Nelken halten etwa fünf bis sieben Tage und können dann ausgetauscht werden. Das restliche Arrangement bleibt wochenlang frisch.

Hochzeits-Herz

Material: Feuchtsteckmasse in Herzform (Baumarkt, Bastelladen), Papiermanschetten (8 cm Durchmesser), Buchstriebe, Frauenmantelblätter und -blüten, weiße Nelken, weißes Spitzenschleifenband.

So wird's gemacht: Durch die Papiermanschetten erst je ein Frauenmantelblatt, dann je eine weiße Nelke stecken. Das Herz mit den Manschetten, Buchs, Frauenmantelblättern und -blüten dicht an dicht bestecken. Aus dem Band zwei Schleifen binden, ebenfalls feststecken.

Hochzeits-Herz: Weiße Nelken, in Frauenmantelblätter und Papiermanschetten gebettet, sehen aus wie dicht gebundene Hochzeitssträußchen. In Herzform gesteckt und mit Spitzenschleifenband verziert – kann eine Deko romantischer sein?

Das Maifest in Weiß fällt bei einer Hochzeit natürlich üppig und extraromantisch aus, mit Herzen und Torten und allem was dazugehört. Nicht zuletzt der Blumenschmuck. Weiße Rosen wären eigentlich die erste Wahl, aber die nostalisch gefüllten, duftenden Sorten, die diesem Anlass am ehesten entsprächen, brechen, je nach Witterung, frühestens ab Ende des Monats aus ihren viel versprechenden Knospen. Klar, die edlen Polyantha-Hybriden kann der Florist immer besorgen. Aber vielleicht sind Nelken, die es auch rund ums Jahr gibt, eine dankbare und äußerst passende Alternative, weil sie so herrlich rüschig sind und sich inmitten von locker gestecktem Schleierkraut als verlockende „Sahnehäubchen" präsentieren. Zwar sollte man sich zum Anbeißen dann doch besser an die „echte" Hochzeitstorte halten, aber die Nase darf sich bei den Blüten – wenn sie duften – gerne bedienen. Je nach Charakter der Braut kommen da zum einen Sträuße aus Maiglöckchen oder Freesien mit ihrem süßen Aroma in Frage, zum anderen Flieder, der ein sinnlicheres Parfüm verströmt. Etwas extravaganter und am wirkungsvollsten in Einzelstielen zu arrangieren ist der Herzenskelch *(Eucharis amazonica)*. Er ist dort angesagt, wo die Deko lieber weniger barock ausfallen soll; ebenso die langen Ranken der Kranzschlinge *(Stephanotis floribunda)*.

Auch wenn die weißen Blüten von Stiefmütterchen, Tränendem Herz *(Dicentra spectabilis* 'Alba'*)* und der Duftblatt-Pelargonie *(Pelargonium odoratissimum)* reinweiß leuchten: Die Patina an den Metallvasen und am Tisch ist willkommen!

Wer den Mai einfach so als besonders schöne Zeit in kleiner Runde oder nur für sich als Grund zum Feiern nimmt, dem reichen auch weniger üppige Dekorationen. Da ist mit geringem Aufwand schon viel Wirkung zu erreichen: Trinkgläser verwandeln sich durch aufgeklebte Tortenspitze in schicke Vasen für Maiglöckchen, Flieder, weiße Ranunkeln, Anemonen & Co., machen aber auch als Windlichter etwas her. Wasserflaschen aus klarem Glas, aufgewertet durch weiße Spitzenschleifen um den Hals, bieten sich für Arrangements mit einzelnen Blütenstielen oder blühenden Zweigen an, zum Beispiel von Zierkirschen, Zieräpfeln und Falschem Jasmin *(Philadelphus coronarius)*. Und Schnapsgläschen dienen Gänseblümchen oder Margeriten in kleinen Schleierkrautwolken als Minivasen.

Anstelle von Sträußen sind Töpfe mit weiß blühenden Pflanzen eine etwas dauerhaftere Alternative. Fünf oder sieben kleine Tontöpfe mit weißen Stiefmütterchen wirken wunderbar natürlich und frisch. In Metall- bzw. Steinvasen oder ähnlich edlen Gefäßen steigert diese dankbaren Gewächse sogar in den Adelsstand auf – wenn man genauer hinsieht – ähneln ihre Blüten nicht denen der Orchideen? Mitte des Monats werden die Frühjahrs-

Deko-Torte: Ein wahrer Augenschmaus ist diese schicke Torte aus Moos, Frauenmantel, Schleierkraut und Sisal, die mit „Sahnetupfern" aus Nelken garniert wurde. Macht nichts, dass sie nur zum Anschauen ist: Davon wird man nicht dick!

blüher im Topf – wie weiße Akelei, Tausendschönchen, Ranunkeln und Primeln, die es jetzt auch in gefüllten Sorten wie 'Dawn Ansell' gibt – vom Beet- und Balkonsortiment abgelöst. So kann das Maifest mit weiß blühenden Geranien, Duftsteinrich, Margeriten, Kapkörbchen *(Dimorphotheca)*, Neu-Guinea-Impatiens, Schneeflöckchen *(Sutera)* oder Männertreu ausgestattet werden. Eine Dekoration mit Zukunft, denn all diese Pflanzen werden nach dem Fest einfach wirkungsvoll mit anderen Sommerblumen im Topf kombiniert. Romantisch mit Blüten in Rosa und Fliederfarben, edel mit Purpur, Mauve und Silbertönen oder träumerisch leicht mit reinem Blau.

Deko-Torte

Sie brauchen: Feuchtsteckmasse, Messer, Moos, Krampen, Blüten und Blätter des Frauenmantels, Schleierkraut, weiße Nelken, Sisal und weißes Spitzenschleifenband.

So wird's gemacht: Die Feuchtsteckmasse in Tortenform zurechtschneiden. Von außen das Moos mit Krampen feststecken. Auf der Oberseite Frauenmantelblätter und Blüten sowie Schleierkraut kreisförmig stecken. Die Nelken als „Sahnetupfer" einstecken. Etwas Sisal locker darüber drapieren. Zum Schluss das Schleifenband von außen um die Torte legen und feststecken.

Lebenskünstler für kleine Töpfchen

Es ist immer wieder die gleiche Geschichte: Weil sie so handlich und niedlich sind, kann man bei kleinen Blumentöpfchen einfach nicht widerstehen. Schon sind sie gekauft, ein Platz dafür findet sich immer, aber was hineinpflanzen? Männertreu, vielleicht, Blaues Gänseblümchen oder einen Duftsteinrich? Einverstanden: Die Miniblütchen sehen in den kleinen Töpfen wirklich ausgesprochen hübsch aus. Aber dann muss man sich darauf gefasst machen, dass die Pflanzen nach ein, zwei Monaten nicht mehr so recht mitmachen wollen und man sich beim Gärtner oder im Gartencenter nach Ersatz umschauen muss. Auch gut: „Öfter mal was Neues" ist einer der ganz großen Vorteile, die man im Topfgarten hat.

Die meisten Sommerblumen sind wirklich dankbare Dauerblüher und können, richtig gepflegt, von den Eisheiligen bis zum Frost Freude bereiten. Vorausgesetzt, sie haben ausreichend Platz für ihre Wurzeln und genug Erde zur Speicherung von Wasser und Dünger. In zu kleinen Töpfen ist dies absolut nicht gewährleistet und die Pflanzen können ihr riesiges Potenzial nicht entfalten. Auch die beliebten, handelsüblichen „Kräutertöpfe" sind schlichtweg zu winzig und das Vergnügen daran von kurzer Dauer. Will man auch im Oktober noch Basilikum ernten, sollte der Topfdurchmesser, am oberen Rand gemessen, schon 20, besser 22 Zentimeter betragen.

Das soll jedoch nicht heißen, dass man die reizenden, kleinen Töpfchen gar nicht gebrauchen kann – im Gegenteil! Man muss nur die passenden Pflanzen dafür finden. Also, nachgedacht: Was wächst in Ritzen und Fugen und lässt nicht gleich beleidigt den Kopf hängen, wenn die Erde einmal trocken wird? Dickblattgewächse wie Dachwurz und Fetthenne! Bei der Dachwurz taugt so ziemlich jede Art für diesen Zweck, von der fein versponnen wirkenden Spinnweben-Dachwurz *(Sempervivum arachnoideum)* bis zur robusten Gewöhnlichen Hauswurz *(S. tectorum)*, die auch unter dem Namen „Donnerwurz" bekannt ist, weil man glaubte, sie wäre ein wirksamer Blitzschutz. Daher stammt die Tradition, sie auf Dächern anzusiedeln. Von dieser Art gibt es sehr schöne, rotblättrige Sorten, z. B. 'Atropurpureum'. Die Rosetten der Dachwurz blühen nur einmal und sterben dann ab. Derweil haben sich jedoch bereits reichlich Tochterrosetten gebildet, die sich munter ausbreiten und lässig über den Topfrand hangeln. Unter den *Sedum*-Arten sei für kleine Pflanzgefäße besonders die Colorado-Fetthenne *(Sedum spathulifolium)* empfohlen. Sie bildet flache Rosetten und ist in zahlreichen Sorten mit unterschiedlichen Blattfärbungen zu haben. Wenn die Töpfe etwa 12 bis 14 Zentimeter Durchmesser haben, eignet sich auch *Sedum cauticolum*, deren rundliche, blaugrau bereifte Blätter sich im Herbst rötlich verfärben, sowie die kriechend wachsende Kaukasus-Fetthenne *(S. spurium)*, von der es einige spektakuläre, spät blühende Sorten mit purpurfarbener Belaubung gibt.

Anstelle von kleinen Töpfen sind auch Schalen – selbst solche für Bonsai! – ein dekorativer Lebensraum für die genügsamen Dickblattgewächse. Bei Dachwurz reichen sogar schon Untersetzer für Tontöpfe, vorausgesetzt, sie haben einen Wasserabzug. Darin kann man regelrechte Stickmuster anpflanzen, deren Konturen sich erst nach einigen Jahren verwachsen.

Dachwurz *(Sempervivum)* und Fetthenne *(Sedum)* hangeln sich fröhlich aus kleinen Töpfen und flachen Pflanzgefäßen. Ihr silbern behauchtes Laub hamoniert perfekt mit den kühlen Rosatönen von Astilbe und Elfensporn *(Diascia)*.

Neben den weitgehend winterharten Dachwurz- und Fetthennen-Arten gibt es weitere attraktive Dickblattgewächse für kleinere Pflanzgefäße, die jedoch nicht frosthart sind. Dazu gehören die Echeverien, die im Sommer oder Spätsommer unter günstigen Umständen bizzare Blüten treiben. Mit ihnen verwandt sind *Graptopetalum* und × *Graptoveria*. Alle gedeihen auch im Zimmer, färben ihre dicken Blätter aber im Freien viel schöner aus. Wird es draußen kälter als 10 Grad Celsius, sollte man sie hereinholen und hell bei Temperaturen um 10 bis 15 Grad Celsius überwintern. Sie brauchen, wie alle Dickblattgewächse, durchlässige Erde und gedeihen gut in Kakteensubstrat. Für die winterharten Arten mischt man diese Spezialerde besser mit etwas nährstoffarmem Substrat, z. B. Anzuchterde für Aussaaten und Stecklinge.

Ihre blaugraue oder silberne Blattfärbung und die ornamental wirkenden Rosetten verleihen den genannten Dickblattgewächsen eine besondere Ausstrahlung. Je nachdem, welche Pflanzen und Accessoires man mit ihnen kombiniert, schaffen sie mediterrane Stimmung

Bild oben:
Eine illustre Gesellschaft hat sich hier zum Gruppenbild versammelt: Fetthennen und Echeverien werden von einer weißen Geranie, einem Zierspargel und einer Neu-Guinea-Impatiens eingerahmt. Weiße Schalen, ein Pinienzapfen und eine weiße Taube sorgen für edle Atmosphäre.

Bild unten:
Echeverien in mediterranen Gefäßen und die klassische Büste verbreiten südländisches Flair. Der Korb mit violetten Hornveilchen setzt rustikale Bauerngartenatmosphäre dagegen. Hornveilchen in Terrakotta schaffen eine Verbindung zwischen den Stilen.

oder das edle Flair, das derzeit im Landhausstil so geschätzt wird. Der zeichnet sich durch eine zurückhaltende Farbgebung aus. Grün, Weiß und Silbergrau dominieren, kühle Blau- und Rosatöne sowie Pastellgelb und Apricot setzen Akzente. Formschnittpflanzen aus Buchs gehören meist dazu, exklusive Pflanzgefäße und allerhand Schmückendes, wie Figuren oder Gegenstände aus dem täglichen Gebrauch, die gern bepflanzt werden.

Eine Zutatenliste für den Landhausstil wird hier jedoch bewusst nicht präsentiert. Eine gepflegte Improvisation ist da angemessener. Vieles, was man für diesen Stil braucht, ist eigentlich bereits vorhanden. So reist der Zierspargel aus der Wohnung in die Sommerfrische auf Terrassien, weil sein feines Grün so gut zu weißen Blüten und silbergrauen Dickblattgewächsen passt. Als Sommerblumen sind die dankbaren Geranien und Fleißigen Lieschen perfekt – sie blühen immer und werden so gut wie nie krank. Für den Landhausstil greift man dann eben zu den weiß blühenden Exemplaren. Außerdem sollte die Geranie von der aufrecht wachsenden Sorte sein. Und beim Fleißigen Lieschen entscheidet man sich für die etwas schickeren Neu-Guinea-Typen. Die alte Schüssel mit Schnörkelhenkeln aus Omas Zeiten und die weiße Taube vom Töpfermarkt runden das Bild ab. Voilà – fertig ist der ganz persönliche Landhausstil!

Übrigens: Möbel, Figuren, Töpfe und all die anderen Sachen dürfen beim Landhausstil nicht so neu und geleckt aussehen. Alters- und Gebrauchsspuren erzählen Geschichten, wirken lebendig und individuell. Die Sehnsucht nach Dingen jenseits der Einheitsware ist so gewachsen, dass Firmen inzwischen Möbel und Gefäße mit fertiger Patina und sogar mit künstlichem Algenbewuchs anbieten!

Wenn Tropfen auf Blätterbongos tropfen, ist die Welt auch an Regentagen ziemlich in Ordnung. Die Blütenstände des Trommelschlägels *(Craspedia globosa)* geben ein witziges Detail ab, wenn auch nur fürs Auge: Musiker ist der Regen.

So ist das eben im deutschen Sommer: Man freut sich riesig auf den freien Tag – und es regnet. Da hilft nur positives Denken und eine gute Idee. Regen? Okay. Da brauchen die Pflanzen schon einmal nicht gegossen zu werden. Gut! Und wenn man es warm und trocken hat,

Horch, da ist Musik drin!

hört sich der Niederschlag sogar ganz schön gemütlich an, wenn er aufs Terrassendach prasselt und in den Büschen raschelt. Die Gießkanne bringt auf neue Gedanken: Sie wirkt wie ein Resonanzkörper, der den Tropfen einen ganz neuen Klang verleiht. Schon sind die Blätterbongos erfunden! Kleine Tontöpfchen hat man genug. Blätter von Ahorn, Kapuzinerkresse, Purpurglöckchen, Kiwi, *Catalpa*, Frauenmantel, Pfeifenwinde oder Flügelknöterich sind in einer Regenpause (oder unterm Schirm) schnell gepflückt. Sie werden als „Trommelfell" mit einer Kordel auf den Tontöpfchen befestigt. Die braucht man jetzt nur noch in Ohrnähe dorthin zu stellen, wo die Tropfen ordentlich klopfen können. Vielleicht die kleineren links der Terrasse, die größeren rechts, für einen reizvollen Stereoeffekt? Auf jeden Fall ergibt sich eine Art natürliche Zufallsmusik. Da heißt es, sich in einem bequemen Möbel zurückzulehnen, eine schöne Tasse Tee – oder, wenn es Abend geworden ist, ein Gläschen Rotwein – in Griffweite zu haben, zu lauschen und zu genießen. Dann wird auch der Regentag ein Freund.

Symmetrische Anordnungen, Terrakotta und eine Büste wecken Erinnerungen an Gartenanlagen in Italien. Bei den Pflanzen ist erlaubt, was gefällt: Zitrus, Zierspargel, Sauerklee, buntlaubige Fetthenne *(Sedum sieboldii)* und Wassersalat.

Das ist ja wie im Urlaub!

Schließen Sie die Augen. Wie war das noch? Zikaden singen das Lied vom endlosen Sommer. Die Sonne schickt heiße Strahlen auf die vor Trockenheit knisternde Erde. Über steinigen Hügeln und bizarren, silbergrünen Olivenhainen vibriert die Luft und streicht spürbar über die Haut. Das sinnliche, herbwürzige Aroma von Thymian und Rosmarin ist beinahe zu greifen. Blauviolette Lavendelfelder ziehen sich in sanften Linien über das Land, verströmen ihren klaren Duft, der im Kopf ein Gefühl von Weite erzeugt. Ja, so war das in der Provence.

Solche Augenblicke zurückzuholen und für einige Momente zu genießen – das wirkt wie eine Art Blitzurlaub und bringt ein Stück Erholung zurück. Deshalb sind derzeit Balkon- und Terrassengestaltungen im mediterranen Stil so beliebt: Man braucht nicht einmal mehr die Augen zu schließen, sondern tritt aus der Wohnung direkt in seine eigene kleine Mittelmeeridylle. Wie genau die aussieht, hängt ganz von den persönlichen Eindrücken und Sehnsüchten ab. Pflanzgefäße und

Sogar den Terrakottaschildkröten ist ein zumindest teilweise schattiger Platz in der Hitze des Sommers lieber. Sie bewachen einen tönernen Obstkorb, eine Funkie, eine Buchskugel und eine Schale mit Wasserhyazinthe *(Eichhornia crassipes)*.

Figuren aus Terrakotta sind wichtige Grundelemente. Alles andere lenkt die Atmosphäre in die gewünschte Richtung. Ist das Lieblingsreiseziel tatsächlich die Provence, sind die typischen Mittelmeerkräuter eine gute Pflanzenwahl: Thymian, Rosmarin, Salbei und natürlich der Lavendel in allen seinen attraktiven Arten und Sorten. Die eher schlichten Terrakottagefäße werden durch Körbe ergänzt, die gern in Weiß oder Lavendel lasiert sein dürfen. Wer auf blühende Sommerblumen nicht verzichten möchte, wählt solche in zurückhaltenden Blau- und Fliedertönen wie Blaues Gänseblümchen, Kriechende Winde *(Convolvulus sabatius)*, pastellfarbenes Männertreu, Kapmargerite *(Osteospermum)*, Petunien und Verbenen, deren Blüten durchaus auch eine kühle Rosanuance zeigen dürfen.

Die Arrangements auf den Bildern dieser Seiten sind eher den traditionsreichen Patios nachempfunden, den Innenhöfen spanischer Wohnhäuser. Sie sind ein Erbe der maurischen Eroberer und schaffen ein geborgenes, sehr privates Flair. Eine Schattenoase inmitten einer Landschaft, in der die sengende Sommersonne am Himmel kein Wölkchen neben sich duldet. Im Patio ist es kühl und angenehm – ein Ort zum Entspannen und Krafttanken, an dem man sich wohler fühlt als am lärmenden Strand.

Der Patio lebt von üppigen Grünpflanzen, die im Schatten gedeihen, wie Farne, die man gern durch Zierspargel ersetzen darf, oder Funkien. Und weil in jedem Patio für einige Stunden die Sonne hereinscheint, gedeihen dort auch Palmen und Sommerblumen, letzte in erfrischend kühlem Blau oder Weiß. Wer es gern bunter hat, wählt kleinblütige Arten in Orange, z. B. Kriechende Knollenbegonien *(Begonia sutherlandii)* oder stehende Geranien. Was ganz bestimmt nicht fehlen sollte: Jeder Patio hat einen erquickenden Brunnen oder ein kleines Wasserbecken. Stellvertretend dafür hat man in den auf den Vorseiten gezeigten Anregungen wassergefüllte Terrakottaschalen mit tropischen Schwimmpflanzen, wie Wassersalat *(Pistia stratiotes)* und Wasserhyazinthe *(Eichhornia crassipes)*, aufgestellt.

Nach diesem Prinzip sind auch andere Mittelmeerstimmungen machbar: Die Küste Italiens mit ihren Palmen und Blüten in den Farben der Sonne – Gelb, Orange, Rot, z. B. bei Wandelröschen oder *Abutilon*. Auch Südfrüchte passen dazu, wie Zitrone oder Kumquat. Für manchen mag die Erinnerung an Italien eher in Rosarot schimmern: Oleander wächst dort sogar auf dem Mittelstreifen der Autobahnen. Bei den Fans griechischer Inseln sind Weiß und Blau die vorherrschenden Farbeindrücke. Da können die Pflanzen, wenn man mag, anstatt in Terrakotta in bunten Blechdosen gedeihen, die einst Olivenöl enthielten. Klar, dass man bei alledem nicht puristisch vorgehen muss und die Stile nach Lust und Laune mischen kann. So wie bei dem Bild auf Seite 36, wo die Symmetrie italienischer Gärten auf kühle Patiostimmung trifft.

Mit einem Augenzwinkern wird hier auf Almeria angespielt: Dort wächst – vor allem im Winter – in Gewächshäusern das für uns Mitteleuropäer bestimmte spanische Gemüse heran. Hier sind es stattdessen üppig gedeihende Bubiköpfchen.

Anstelle von rauschend kann ein Fest zu zweit auch eher berauschend sein. Laden Sie an einem schönen Tag zu rosigen Stunden ein: Unter dem duftenden Rosenstrauch lässt sich im Liegestuhl gemeinsam von romantischen Dingen träumen.

Keine andere Blume spielt in unserer Kulturgeschichte eine so überragende Rolle wie die Rose. Ihrem rätselhaften Zauber kann sich niemand entziehen. Er entsteht wohl unter anderem daraus, dass ihre symbolischen Bedeutungen oft gegensätzliche Seiten in sich vereinen: die himmlische Vollkommenheit ebenso wie die irdische Leidenschaft. Als Blume der weiblichen Gottheiten steht

Weitere Aussichten für den Sommer: rosig

sie für Fruchtbarkeit ebenso wie für Jungfräulichkeit. Den alten Griechen zufolge sind viele Rosen aus dem Blut von Göttern entstanden. Man erzählt auch, dass sich bei Aphrodites Geburt der Meeresschaum schützend um ihre Hüften legte und sich, sobald sie an Land kam, in eine Girlande aus weißen Rosen verwandelte.

Von den alten Römern, die das Feiern bekanntermaßen zum Exzess trieben, ist überliefert, dass sie bei ihren Gelagen einen immensen Verbrauch an Rosenblüten hatten, die man buchstäblich regnen ließ. Es heißt, Nero habe den Boden eines Bankettsaals komplett mit Blütenblättern bedecken lassen. Ganz so toll brauchen wir unser Rosenfest ja nicht ausfallen zu lassen, auch wenn sich im Garten mit der Zeit ein Blütenteppich unter dem Rosenstrauch ganz von selbst ergibt.

Dieses nostalgische Geschirr vermittelt, zusammen mit der Tafeldekoration aus Rosenblüten sowie Blättern und Früchten des Wilden Weins, englischen Lebensstil: Hier lässt man sich den „five o´clock tea" und vielleicht ein paar Scones schmecken.

Wenn es um Rosen und Romantik geht, denkt man heutzutage – wie bei den Griechen – an die Liebe. Aber auch an England, zumindest, was die Gartenliebhaber betrifft. Dort sind in den vergangenen Jahren Sorten entstanden, die den modernen Inbegriff romantischer Rosen verkörpern: Sie haben dicht gefüllte, herrlich rüschige Blüten, die, anders als viele andere nostalgische Sorten, öfter blühen. Und – ein ganz wichtiges Kriterium – sie duften!

Haben Sie auch schon öfter erlebt, dass eine ungemein hübsche Rose die Nase enttäuschen musste, weil sie keinerlei Parfüm verströmte? Besonders Schnittsorten haben die Züchter diese Eigenschaft weitgehend abgewöhnt. Die Begründung: Der Duft geht stets mit weicheren Blütenblättern und somit einer geringeren Haltbarkeit in der Vase einher. Das sollte uns nicht weiter kümmern. Für den Duft nehmen wir dies in Kauf. Erstens gibt es im Garten immer wieder frischen Nachschub. Und zweitens – das mag auch diejenigen trösten, die keinen Garten oder keine nostalgische Rose besitzen – gehört es doch irgendwie zu einem lebendigen Stillleben dazu, dass sich im Lauf der Tage zu Füßen der Vase ein attraktiver Blütenteppich bildet! Hauptsache, der Strauß duftet auch. Nur so ist das sinnliche Erlebnis wirklich perfekt.

Eine stimmungsvolle Dekoration zu Ehren der Rose: Teelichte und pastellfarbene Rosenblüten, die mit weißen Lilien um die Wette duften, schwimmen zu Füßen einer Blumenfrau in verschiedenen Glasgefäßen.

Damit man trotzdem möglichst lange die rosige Blütenpracht in der Vase genießen kann, geht man am besten nach den folgenden Ratschlägen vor:

Wenn Sie Rosen kaufen:

- Gehen Sie nur zu guten Floristen, die frische Ware garantieren. Lassen Ihre Rosen bald nach dem Kauf trotzdem die Köpfe hängen, sagen Sie es Ihrem Floristen. Er kann Rückschlüsse auf den Zwischenhandel ziehen und entsprechend reagieren.
- Der größte Irrtum ist, dass knospige Ware länger hält. Meist ist das Gegenteil der Fall: Solche Rosen können zu unreif geerntet worden sein. Sie lassen dann rasch den Kopf hängen; ihre Blüten öffnen sich entweder gar nicht oder sie bleiben kleiner und blasser. Achten Sie also darauf, dass die Blüten beim Kauf schon etwas weiter geöffnet sind.

Bild oben links:
Moosrosen, eine kompakte Variante der Zentifolien, haben moosartig mit Drüsen überzogene Triebe und Knospen. Die karminpurpurfarbene 'William Lobb' kam 1855 auf den Markt und bildet bis zweieinhalb Meter hohe Sträucher.

Bild unten links:
Die regenfeste, buschig wachsende Englische Rose 'Mary Rose' öffnet ihre stark gefüllten, leicht nach Wildrosen duftenden Blüten jedes Jahr als eine der ersten ihrer Gruppe.

Bild rechts:
Herzliche Willkommensgrüße zur Teeparty! Durch die dicht gefüllten Rosenblüten wirkt das mit Hilfe von Feuchtsteckmasse gezauberte Herz besonders romantisch.

Im Juni feiert der Rosengarten ein malerisches Blütenfest. Feiern Sie mit! Ein kleiner Tisch ist schnell in Position gerückt und erhält durch das schicke Tuch eine angemessene „Garderobe". Schmetterlinge im Bauch sind hier garantiert!

Wenn Sie Rosen selbst schneiden:

- Achten Sie auf den richtigen Schnittzeitpunkt: Vasenrosen werden dann „geerntet", wenn die äußeren Kelchblätter bereits nach unten zeigen und wenn das erste Blütenblatt sich gerade öffnet.
- Schneiden Sie die Blüten am frühen Morgen von der Pflanze, wenn es noch kühl ist. Stellen Sie sie sofort in einen mitgebrachten Eimer mit Wasser.
- Vor dem Einstellen in die Vase schneidet man die Stiele mit einem scharfen Messer mit einem drei bis fünf Zentimeter langen, schrägen Schnitt an.
- Die Vase muss absolut sauber sein: Algen und Bakterien verstopfen die Leitungsbahnen.
- Sauerstoff behindert die Wasseraufnahme. Drehen Sie daher den Wasserhahn nicht zu stark auf und verwenden Sie handwarmes Wasser, das weniger Sauerstoff enthält. Täglich wechseln!
- Frischhaltemittel erhöhen die Haltbarkeit. Dann braucht auch das Wasser nicht jeden Tag gewechselt zu werden. Beachten Sie die Dosierungsanleitung auf der Verpackung des Frischhaltemittels und dosieren Sie im Zweifelsfall lieber etwas niedriger.
- Wenn die Rosen nach einiger Zeit tagsüber etwas schlapp werden, kann man sie auffrischen, indem man sie über Nacht in feuchtes Zeitungspapier wickelt und am kommenden Morgen frisch anschneidet.

Zwei Putten spielen auf zum barocken Essvergnügen: Auf einer Etagere steht eine köstliche Suppe aus frischen Tomaten bereit. Einige Sommerblumen von der Terrasse sind für diese Gelegenheit kurzfristig als „Tischschmuck" umgezogen.

Eine Einladung in den Garten

Am liebsten draußen sein, heißt die Devise an schönen Sommertagen. Frühstücken, Zeitung lesen, im Liegestuhl träumen, mit den Kindern spielen – eben alles tun, was Spaß macht. Wer gern Freunde und Gleichgesinnte um sich hat, lädt dann auch öfter mal Gäste ein. Man sitzt auf der Terrasse, grillt, schlemmt, schwätzt und genießt das Leben.

Nun eine Anregung, aus einer solchen Einladung einmal etwas ganz Besonderes zu machen. Die Idee kommt bestimmt unter Garten- und Blumenliebhabern am besten an, aber auch ganz „normale" Gäste werden garantiert begeistert sein. Man wechselt zu den verschiedenen Gängen nämlich nicht nur den Teller, sondern auch den Platz. Für dieses Konzept ist ein Garten mit seinen verschiedenen Ecken und Winkeln geradezu wie geschaffen!

Es soll eine Überraschung sein. Also beginnt der kulinarische Rundgang durch den Garten auf der Terrasse. Erstens schwant den Gästen dann nicht gleich, was sie an diesem Tag erwartet – schließlich hält man sich dort bei sommerlichen Einladungen üblicherweise auf. Zweitens kommen die Besucher meist nicht alle auf einen Schlag, und von der Terrasse aus kann man die Türklingel prima hören. Zur Begrüßung gibt es einen Aperitif, zum Beispiel mit eiskaltem Sekt oder Mineralwasser aufgefüllten Holunderblütensirup – eine leckere Erfrischung, die auch thematisch zu dem Gartenrundgang passt, selbst wenn man keinen eigenen Holunderstrauch besitzt. Wenn alle ausgetrunken haben (oder die Mägen schon zu knurren beginnen), wird das Geheimnis gelüftet: Man führt die Gäste in einen bis dahin nicht einsehbaren Gartenbereich, vielleicht an einer anderen Seite des Hauses, hinter einen Strauch oder eine Hecke. Dort wartet ein Vorspeisenbuffet auf einem Tisch, der auch improvisiert sein darf, indem man vielleicht ein Brett auf zwei gleich hohe Sprossen einer Gartenleiter legt. Hier, wo man im Stehen isst, bietet sich Fingerfood an, wie Bruschetta, Minipizzen, gefüllte Blätterteigtaschen oder frische Gemüsestreifen mit Dips.

Rezept für eine leckere Tomatensuppe

Für 4 Personen: 1 kg reife Tomaten, 1 Knoblauchzehe, 1/2 frische Chilischote (nach Belieben), 4 Essl. Olivenöl, 2 Essl. Weißweinessig, 1/4 l Gemüsebrühe, etwas Thymian und Rosmarin, 1 Prise Zucker, schwarzer Pfeffer aus der Mühle, saure Sahne, frisches Basilikum. Tomaten überbrühen, häuten, Strunk entfernen und würfeln. Knoblauch fein hacken, Chili (falls verwendet) entkernen und in feine Streifen schneiden. Beides in Olivenöl anschwitzen. Tomatenwürfel, Weißweinessig, Gemüsebrühe, Thymian, gehackten Rosmarin und Zucker zufügen. 10 Minuten leise köcheln lassen. Die Suppe mit dem Stabmixer pürieren. Mit Salz und Pfeffer abschmecken. Zum Anrichten in Teller füllen, etwas saure Sahne und in Streifen geschnittenes Basilikum auf die Suppe geben. Kann auch eisgekühlt serviert werden!

Stillleben mit Erdbeeren: eine Dekoration, die Appetit auf Frisches macht. Sie könnte ein Wegweiser sein, der zeigt, wo im Garten noch reife Früchte darauf warten, gepflückt zu werden. Genauso gut macht sie sich auf dem Dessertbuffet.

Am Rande des Gemüsebeets wartet eine Käseplatte auf die Gartengäste. Es ist nicht zu erwarten, dass unter Pflanzenliebhabern der Gesprächsstoff ausgeht, aber falls doch: Wetten, dass hier die Diskussion über die besten Tomatensorten beginnt?

Bei den Hortensien wartet der nächste Gang: eine Suppe aus selbst gezogenen Tomaten mit Kräutern oder ein frisch geernteter Salat. Und so geht es weiter von Station zu Station. Dort, wo der Hauptgang geplant ist, steht ein schön gedeckter Tisch, damit man sich auch einmal ausruhen und bequem essen kann. Zum Dessert mögen die Gäste sich dann sicher gern wieder bewegen.

Bei der Abwechslung, die sich durch diesen kulinarischen Rundgang ergibt, kommt der Gesprächsstoff von allein. Die prächtigen Taglilien regen zum Gedankenaustausch über Staudenbeete an, der Apfelbaum zur Klärung der Frage, welche Sorte sich im Hausgarten am meisten eignet, und bei der Zitronenmelisse wird versprochen, bei nächster Gelegenheit einen Ableger weiterzugeben.

Teller, Servietten und Besteck stehen, wo nötig, an den einzelnen, stets mit Sträußen oder anderen Dekorationen geschmückten Stationen bereit, ebenso die passenden Getränke und Gläser. Gegen unerwünschten Insektenbesuch auf den Speisen helfen entsprechende Hauben oder dünne Tücher. Letzte erhöhen sogar die Spannung, wenn zum Beispiel die Käseplatte auf einem Weinblätterbett vor aller Augen enthüllt wird. Zum Ausklang des Tages sitzt man wieder gemütlich beisammen – vielleicht am Gartenkamin?

Schuhe auf dem Tisch? Diese Exemplare aus Metall auf jeden Fall. Darauf blüht – ebenso wie auf dem Korb – der Edelrost. Mit Wasser gefüllte Schnapsgläschen in den Schuhen sorgen dafür, dass die Rosen etwa eine Woche lang frisch bleiben.

Lieben Sie Überraschungen? Dann ist dieses Kapitel genau das richtige für Sie! Es geht darum, die Dinge einmal aus ungewohnter Sicht zu betrachten und so zu verblüffenden Dekorationen inspiriert zu werden.

Von der unerwarteten Seite der Dinge

Dazu gehört, mit offenen Augen durch Natur und Garten zu gehen. Wer genauer hinsieht, dem blinzeln die frechen Micky-Maus-Gesichter mancher Hornveilchensorten zu. Der kann sich über die „Tonsuren" auf den knopfartigen Blütenmitten der Sonnenbraut *(Helenium)*, die durch kreisförmiges Aufblühen entstehen, prächtig amüsieren. Der begeistert sich für die Punktmuster von Tiger-Lilien (die eigentlich Leoparden-Lilien heißen müssten) und Affenblume *(Mimulus)*. Dem kommt die Blüte des Sternkugel-Lauchs *(Allium christophii)* – die man übrigens gut trocknen kann – wie eine Wunderkerze vor und entdeckt, dass die Dolden von Kerbel und Wilder Möhre die reinsten Spitzendeckchen abgeben und im gepressten Zustand als solche sogar zu gebrauchen sind, wenn auch mit Vorsicht: Sie sind zerbrechlich. Den erinnern die Blüten einiger Dahlienklassen erstaunlich an die von Seerosen, besonders, wenn man sie in einem Schale wie in einem Miniteich schwimmen lässt. Und der findet heraus, dass die Blattunterseite mancher Pflanzen ganz anders aussieht als die üblicherweise zur Schau gestellte Oberseite. Dies ist zum Beispiel beim Purpurglöckchen *(Heuchera)* der Fall: Dem Licht (und dem Betrachter) dreht es die dunkelpurpurne, eher stumpfe Seite zu. Die Unterseite dagegen schimmert, je nach Art und Sorte, in Silber- und Purpurtönen – ein reizvoller Kontrast.

Alle diese Entdeckungen können zündende Ideen für dekorative Kabinettstückchen abgeben. Nur einmal angedacht: Auf einer Kennenlernparty (oder als kleine Aufmerksamkeit) für frisch zugezogene Nachbarn stellt man augenzwinkernd ein paar Hornveilchen in hübschen Töpfen mit Namensschild (auf dem der Sortenname steht) auch als neue Gesichter vor. Oder man peppt eine romantische Tafel in Weiß oder Pastell mit den Spitzendeckchenblüten auf.

Bild unten:
Was mag es mit den umschnürten Rosen zwischen purpurnem Laub wohl auf sich haben?

Büste in Purpurkorsage

Sie brauchen: eine Büste oder eine Figur, Hasendraht, Blätter des Purpurglöckchens (Heuchera), Krampen, Rosenblüten, Plastik- oder Orchideenröhrchen. So wird's gemacht: Aus dem Hasendraht eine Korsage biegen und der Figur anpassen. Die Blätter mit Krampen schuppenartig so feststecken, dass ihre Rückseite außen zu sehen ist. Die Rosenblüten in die mit Wasser gefüllten Röhrchen stecken und im „Ausschnitt" der Korsage befestigen, indem man sie in den Hasendraht klemmt.

Was man aus attraktivem Laub, wie dem des Purpurglöckchens, zaubern kann, ist im Foto rechts zu sehen. Der Ausdruck „Blätterkleid" wurde hier wörtlich genommen. Eine ungewöhnliche Dekoration für ein Sommerfest zur blauen Stunde oder eine besondere Gelegenheit. Sie ist gleich für zwei Überraschungen gut: Wenn man sie das erste Mal zu Gesicht bekommt und bei näherer Betrachtung, wenn man bemerkt, dass hier die Blattunterseiten des Purpurglöckchens nach außen gekehrt sind und sich dabei als sehr reizvoll erweisen.

Die Farbe Purpur spielt bei dieser Aufsehen erregenden Dekoration eine große Rolle: Sie wirkt geheimnisvoll und mondän. Das Farbkonzept wird durch Blüten in Purpur und Accessoires in Schwarz ergänzt. Damit das Arrangement nicht allzu düster gerät, bringen karminfarbene Rosen eine frische Note ins Spiel.

Zur Feier des Tages bekam die Figur eine Korsage aus silber-magenta gefärbten Blättern des Purpurglöckchens *(Heuchera)*. Da dürfen auch extravagante Schuhe nicht fehlen. Clematis- und Rosenblüten runden das Arrangement farblich ab.

Rotkohlstiefel: Hier geht die Fantasie – gestiefelt und gut behütet – auf rosige, aber äußerst spannende und unterhaltsame Reisen. Die anregenden Rottöne verleihen der Situation Dramatik, das witzige Arrangement vermittelt etwas Unbeschwertheit.

Rotkohlstiefel

Sie brauchen: Feuchtsteckmasse, Messer, Rotkohlblätter, Krampen, Rosenblüten, Clematisranken. So wird's gemacht: Die Feuchtsteckmasse mit einem Messer in Stiefelform zurechtschneiden. Die Form mit den Rotkohlblättern verkleiden, indem man diese mit Krampen feststeckt. Rosenblüten und Clematisranken in den Stiefelausschnitt stecken. Die Steckmasse stets leicht feucht halten. Die Rotkohlblätter bleiben bei diesem Arrangement etwa zwei Wochen frisch. Die Blüten kann man nach etwa drei bis vier Tagen – falls erforderlich – gegen neue austauschen.

Eine weitere Möglichkeit für ungewöhnliche Arrangements ist die Verwendung von alltäglichen Gebrauchsgegenständen als Pflanzgefäße, die ursprünglich gar nicht für diesen Zweck gedacht waren. Die Idee, dafür alte Schuhe zu verwenden, ist zwar nicht neu, dennoch finden Sie hier drei Beispiele, die zeigen, dass es immer Variationen und pfiffige Einfälle gibt, die Bekanntes in spannendes Neues verwandeln. Da wären die Schuhe aus schwarz lackiertem Eisen. Ein Material, das sich unter dem Einfluss von Wind und Wetter verändert und mit der Zeit eine rostige Patina zeigt, die demjenigen Geschichten erzählt, der es vermag, seiner Fantasie

Philosophisches Stiefelchen am Rosenstrauch: Die Zeit schreitet unaufhaltsam voran, sichtbar geworden durch aufblühende „Rostblumen". Kein Grund zum Traurigsein: Das Hier und Jetzt versüßen die rüschigen Rosenblüten.

freien Lauf zu lassen. Als Schuhe im eigentlichen Sinn haben sie mit Pflanzen und Dekorationen nichts zu tun, sind aber in ihrer schmucken, eisernen Variante ein außergewöhnlicher Blickfang.

Nun gilt es noch, die guten Stücke ansprechend zu arrangieren. Auch da leisten besondere Farben wie Purpur anregende Dienste. Während die Schuhe auf Seite 50 durch mit Wasser gefüllte Schnapsgläschen in ihrem Inneren ihre Bestimmung als Vasen gefunden haben, beweist das Stiefelchen im Bild oben auf dieser Seite, dass es einem Geländer, einem Zaun, einem Tor oder einem Rosenstrauch einfach durch sein Dasein das gewisse Etwas verleiht. Wichtig ist, dass Blüten in Rottönen den Stiefel umschmeicheln: Rot in allen seinen Nuancen passt sehr gut zu Schwarz, weil es dadurch die Blicke noch mehr auf sich lenkt und der Szenerie hintergründige Spannung verleiht. Recht vordergründig ist dagegen der Rotkohlstiefel zu verstehen: Er soll zum Schmunzeln verlocken und erinnert mit Hut und Koffer an Zeiten, als Reisen noch eine abenteuerliche (und manchmal dornige) Angelegenheit war.

Ein Silberhauch liegt über einigen Hortensienblüten und findet sich in den Gefäßen und in den mit Perlen und Silber-Greiskraut umwickelten Kränzen wieder. Ton in Ton dazu: violette Kerzen und die Blüten der Prunkwinde.

Die Hortensie hat viele Gesichter: herrlich altmodisch, mit Blütenbällen in romantischem Rosa. Aristokratisch in Weiß. Topaktuell in modischem Blau. Und mit unzähligen Zwischentönen, von derem reizvollen Eigenleben hier noch die Rede sein soll. Aber später, denn die Hortensie zählt zum Blumenadel des Gartens, und über derlei vornehme Damen gibt es, wie sich das gehört, köstliche Anekdoten zu berichten. Eine der schönsten rankt sich darum, wie

Wenn Farben ein Eigenleben haben

die Hortensie zu ihrem Namen kam. Sie trug sich zu im 18. Jahrhundert auf Mallicollo, heute Malekula, einer Insel des Vanuatu-Archipels im Südpazifik. Der französische Pflanzenjäger Philibert Commerson, der dort auf einer Forschungsreise weilte, machte eine peinliche Entdeckung: Ein Häuptling fühlte sich so zu Commersons Diener, Jean Baret, hingezogen, dass er versuchte, ihn zu entführen. Nur einigen Matrosen des Forschungsschiffes, die sich zufällig an Land befanden, ist zu verdanken, dass dies nicht gelang. Der Häuptling hatte wohl einen siebten Sinn, denn bei dem Getümmel geriet Jean Barets Kleidung etwas in Unordnung – und siehe da: Jean war eine Frau und hieß Hortense! Der getäuschte Philibert Commerson benannte daraufhin ein asiatisches Gehölz nach ihr: die Hortensie. Und zwar deshalb, weil sie Scheinblüten als unfruchtbare „Lockvögel" einsetzt, um Insekten zu täuschen, und zudem gern ihre Farben verändert. Er verzieh Hortense und zog sich mit ihr auf eine Insel zurück, wo sie ihn bis zu seinem Tod betreute und dann in Paris einen Uhrmacher heiratete. Leider, leider: nur eine Legende. Wahrscheinlicher ist, dass Commerson die Hortensie nach Hortense Lepaute benannte, die Frau seines auf dem Schiff als Astronom mitreisenden Freundes.

Schnell, aber äußerst raffiniert und mit einem Gefühl für Sinnlichkeit zusammengestellt: Zarte Blütenbälle bieten einen stimmungsvollen Hintergrund für die filigranen Ranken auf den Glaswindlichtern in hellem Purpur.

Das Stillleben in dezenten Grün-, Rosa- und Purpurtönen schmückt ein spätsommerliches Buffet. Welch geheimnisvoller und verlockender Reiz in den zurückhaltenden Pastellnuancen liegt!

Der gefoppte Commerson hatte nicht ganz Unrecht: Was sich bei Hortensiendolden großartig als „Einzelblüte" präsentiert, sind eigentlich vier Hochblätter um die unscheinbare, tatsächliche Blüte. Allerdings ist dies nicht einmal für Insekten eine Täuschung, schließlich dienen sie ihnen quasi als Landefeuer. Auch für uns sind sie reizvoll, da sie den Hortensien ihre Farben verleihen. Diese kann sich bei einigen Sorten sogar im Lauf der Saison verändern, weshalb die Hortensie gern als das Chamäleon unter den Pflanzen bezeichnet wird. Im Gegensatz zu dem Chamäleon passt sie sich jedoch ihrem Hintergrund nicht an, sondern fällt durch diese eigenwillige Besonderheit erst recht ins Auge. Da verändern die Blüten ihre Farbe von rosa zu blau oder umgekehrt, und es kommen sogar an einem Strauch beide Farben mit all ihren Zwischentönen vor. Die Blütenbälle der Garten-Hortensie 'Hobella' gehen rosa auf, vergrünen dann und schimmern im Herbst rötlich. Bei 'Unique', einer Rispen-Hortensie mit länglichen, locker aufgebauten Blütenständen, sind die Hochblätter erst cremeweiß und überziehen sich dann beim Abblühen mit einem Hauch von Rosa.

Bild links:
Kaum eine Blume verblüht so elegant und reizvoll wie die Dolden der Hortensie. Vor allem, wenn man eine Sorte wählt, die sich dann so attraktiv mit Rosa überhaucht. Brombeertriebe mit Früchten in verschiedenen Reifestadien und ein altes Gefäß als Vase setzen den zarten Blüten rustikale Nostalgie gegenüber.

Solcherlei Farbenspiele sind eine Wohltat für Menschen, die das ewig gleiche und daher fast künstlich wirkende Dauerblühen so mancher Sommerblumen satt haben und die kleine Veränderungen im Verlauf der Blütezeiten zu schätzen wissen. Punkte und Flecken, die sich allmählich auf den Hortensienbällen ausbreiten, erzählen von den Ereignissen eines langen Sommers, wie auch immer das Wetter war. Da steckt Leben drin!

Wie reizvoll sich damit spielen lässt, zeigen die Ideen auf diesen Seiten. Da wird das Hortensienrosa Ton in Ton durch violette Kerzen und Windlichter ergänzt. Der leichte Silberhauch der Blüten spiegelt sich in der wächsernen Bereifung von Feigen und Weintrauben wieder und wird von silbernen Kerzen und graulaubigen Pflanzen akzentuiert. Alte Gefäße unterstützen mit ihren Macken und Gebrauchsspuren den optischen Eindruck vom Fortschreiten der Zeit, ebenso wie Brombeerfrüchte in den verschiedensten Stadien der Reife.

Für derartige Inzenierungen ist die Hortensie einfach perfekt. Ihre rüschigen Blütenstände wirken gleichermaßen zart und ausdrucksstark, elfenhaft und weiblich. Zudem trocknen abgeschnittene Dolden wunderbar ein und sehen daher in Dekorationen oder Kränzen lange gut aus. Das macht doch richtig Lust, der Hortensie (oder, wenn Sie mögen, auch der mutigen, in Männerkleidung durchs Forscherleben gehenden Jean-Baret-Hortense) zu Ehren ein Fest zu feiern! Und wenn es ein ganz kleines, privates ist: Ein, zwei Blütendolden, ein hübsches Gefäß, ein paar Früchte – mehr braucht es dazu gar nicht.

Elfen-Töpfchen

Sie brauchen: einen Übertopf, Feuchtsteckmasse, Steckdraht, Bindedraht, Efeuranken, Hortensienblüten, Laub vom Silber-Greiskraut (Senecio cineraria), blaue Trauben, Mispeln, einen Elfenkopf o. Ä.

So wird's gemacht: Die Feuchtsteckmasse in den Übertopf legen. Aus Steckdraht einen Bogen biegen und im Topf fixieren. Efeuranken und Hortensienblüten mit Bindedraht daran befestigen. Silber-Greiskraut und Hortensienblüten in die Steckmasse stecken. Den Topf mit dem Elfenkopf, Trauben und Mispeln schmücken. Die Steckmasse feucht halten.

Elfen-Töpfchen: Dieses Wesen träumt einen Spätsommertraum in Purpur-, Blau- und Silbertönen aus einem Mix von Blüten, Blättern und reifen Früchten. Pst! Wer Elfen schlafen sieht, hat einen Wunsch frei!

Ab September ist Blumenzwiebelzeit: Im Garten werden hoffnungsfroh die vielversprechendsten Tulpen-, Narzissen- und Krokussorten im Boden versenkt, um sich bereits jetzt die Aussichten auf den nächsten Saisonstart zu versüßen.

Das Wunder aus der Blumenzwiebel

Während man mit der Pflanzung beschäftigt ist, bietet die Herbst-Zeitlose ein merkwürdiges Naturschauspiel: Eigensinnig verbreitet sie mit ihrem Krokus-Look im Spätsommer Frühlingsstimmung. Noch seltsamer ist, dass sie das Kunststückchen beherrscht, ganz ohne Erde und Wasser Blüten zu treiben. Die Floristen haben das längst für ihre dekorativen Ideen entdeckt und binden die Wunderzwiebeln z. B. an Zweige der Korkenzieherhasel oder arrangieren stimmungsvolle Stillleben auf Tellern, Schalen oder Tabletts.

Das können Sie auch! Der Trick funktioniert garantiert, wenn Sie dazu die weiß blühende Art *Colchicum autumnale* und die malvenfarbige *Colchicum byzantinum* sowie ihre gefüllt blühenden, aus Kreuzungen entstandenen Verwandten aussuchen. Arrangieren Sie die Zwiebeln im August nach Ihrem Gusto. Wenn Sie eine Schale oder ein Tablett dafür vorsehen, kann ein wenig Kies, Blumenzwiebeln anderer Arten oder Ähnliches dafür sorgen, dass die Zwiebeln nicht nur liegen, sondern auch stehen können. Stellen Sie Ihre Komposition an einen sonnigen, warmen Platz und haben Sie fünf bis sechs Wochen Geduld: Dann zeigen sich die zarten Blüten. Sollen die Zeitlosen danach in den Garten umziehen, pflanzt man sie nach weiteren zwei Wochen an einen überwiegend sonnigen Ort, wo die Erde am günstigsten nährstoffreich und frisch sein sollte. Achtung: Alle Pflanzenteile der Herbst-Zeitlosen sind giftig! Daher stets direkt nach dem Arbeiten die Hände waschen.

An einem sonnigen Platz treibt die Herbst-Zeitlose ganz ohne Erde und Wasser aus. Nutzen Sie dieses Phänomen für bezaubernde Ton-in-Ton-Dekorationen, z.B. mit Trauben und Blumenzwiebeln.

'Café au lait' heißt diese Sorte aus der Klasse der Dekorativen Dahlien, deren Blüten über 20 Zentimeter Durchmesser erreichen können. Umschmeichelt werden sie von Rispen-Hortensien, Astern und rosa Korallenbeeren.

Dahlien kommen und gehen: Mit ihrem Apricot-Ton ist 'Bellelaine' von der Farbe her eigentlich up to date. Dennoch taucht sie derzeit in so gut wie keiner der vielen Händlerlisten auf.

Die Dahlie ist tot – es lebe die Dahlie

Altmodisch. Ein hartes Urteil? Nicht für die Dahlie. Aus ihrer gut 200 Jahre währenden Geschichte als Gartenblume ist sie es gewohnt, Verächter zu haben und dennoch immer wieder in neuem Glanz zu erstrahlen – ihrer großen Wandlungsfähigkeit sei Dank. Der Naturforscher Alexander von Humboldt brachte das ungefüllt blühende Gewächs einst nach Europa. Dort mauserte sie sich unter den Händen ehrgeiziger Züchter zu immer perfekter gefüllten Pomponblumen mit nach innen gerollten Tütchenblüten, zur begehrten Georgine. Ende des 19. Jahrhunderts geriet die brave Blütendame ins modische Abseits, sorgte aber selbst für eine Wiedergeburt: 1872 warf ein niederländischer Gärtner wutentbrannt eine Sendung verdorbener Knollen aus Übersee auf den Kompost. Ein Exemplar überlebte. Zum Glück: Es hatte Blütenblätter, die sich nach außen drehten. Die Cactus-Dahlie war geboren.

Wahrlich keine Randerscheinung: In ihrer Leuchtfarbenvariante fällt die Dahlie auf diesem Teller mit Ziergurken, Fruchtständen von Dill und Efeu sowie Zierkürbissen neben der Lampionblume gleich als Allererstes ins Auge.

Mit dem wilden, spitzstacheligen Cactus- und Semicactus-Look eroberte die Dahlie die Gärtnerherzen ein zweites Mal. Bis in die Achtzigerjahre des 20. Jahrhunderts. Die Garten- und Blumenfans der nachwachsenden Generationen hielten sie, nebst Alpenveilchen, Nelken und anderen „Omalieblingen", für altmodisch und kitschig. Für „Bauerntrampel", die bestenfalls „auf dem Dorf" Überlebenschancen hatten. Aber welche andere Blume kann schon mit solchen Riesenblüten in allen möglichen Form- und Farbnuancen aufwarten? Und lässt sich zudem nicht einmal von deutschem Dauerregen die Blühlaune verdrießen!

So ist es nicht verwunderlich, dass mit der Retrowelle auch die Dahlie wieder in die Gunst des Publikums zurück schwimmt. Wie alle alten Bekannten aus den Fifties und Sixties jedoch in einer modernen Version: Kein Stachel-Outfit ist gefragt und keine perfekten Pompons, sondern eher natürlich wirkende, ungefüllte oder lockere Blütenformen wie die der Seerosen-Dahlien.

Nicht nur im Garten gelten Dahlien als die Königinnen des Herbstes, sondern auch in der Vase. Weil sie so prächtig daherkommen und, je nach Sorte, die unterschiedlichsten Stimmungen zu verbreiten vermögen: romantisch in Pastell, extravagant in besonderen Formen und Farben oder fröhlich in Orange, Gelb und Rot. Dabei gibt sich seine Majestät puristisch im reinen Dahlienstrauß ebenso elegant wie zusammen mit einem ihr angemessenen Hofstaat aus anderen Spätsommerblumen. Auch als schwimmende „Seerose" in einer Wasserschale macht sie sich prima. Und noch eine gute Nachricht: Bei sachgerechter Behandlung sind Dahlien in der Vase bis zu 14 Tage lang haltbar. Der günstigste Schnittzeitpunkt dafür ist, wenn die Stiele eine gewisse Festigkeit erreicht und die Blütenbälle sich gut geöffnet haben. Dahlien neigen in der Vase zur Fäulnisbildung. Daher schneidet man sie täglich neu an und stellt sie wieder in frisches Wasser.

Momentaufnahme einer speziellen Jahreszeit: Blüten von Staudenclematis *(C. heracleifolia)* und Rotem Sonnenhut *(Echinacea purpurea* 'Rubinstern'*)* sowie Fruchtstände von Schwertlilie *(Iris foetidissima,* u. Mi.) und Mondviole *(Lunaria rediviva,* u. re.).

Von nichts kommt nichts: Stimmungsvolle Arrangements setzen Inspirationen voraus. Jeder Künstler, jeder Florist lernt von Könnern und wird durch sie maßgeblich beeinflusst. Es ist also nichts Ehrenrühriges daran, die Ideen anderer aufzugreifen, sie selber auszuprobieren und letztendlich vielleicht sogar eine eigene Note hinzuzufügen. Das beste Beispiel ist dieses Buch, das Anregungen für

Von der Lust am Vergänglichen und dem Zauber des Zen

dekorative Kompositionen und einige dafür notwendige Kniffe vermitteln möchte. Nachmachen ist ausdrücklich erwünscht!

Meistens geht man bei der Gestaltung einer Dekoration von einem bestimmten Anlass oder einem bestimmten Thema aus und wählt die Materialien dafür entsprechend. Ein Vorschlag: Lassen Sie sich doch einmal von der Natur soufflieren, was Sie in Ihre Kreation mit einbeziehen. So ist das malerische Stillleben auf dieser Seite entstanden: Ein Rundgang durch den spätsommerlichen Garten brachte zahlreiche Fundstücke, die ein stimmungsvolles Bild abgeben. Frische Früchte, wie die der Hagebutten, und reife Samenstände, die makellosen Blüten der erst im August aufgehenden Clematis und die bereits seit Juli offene des Sonnenhuts ergeben reizvolle Kontraste und zeichnen, zusammen mit dem vergilbenden Blatt der Funkie, eine nur für diesen Tag gültige Momentaufnahme.

Einem Früchtestillleben der flämischen Maler des 17. Jahrhunderts nachempfunden ist diese mit Dahlien, Dekoschnecken, Brombeeren, Japanischen Weinbeeren, Ziergurken und Schneeballfrüchten beladene Etagere.

Da es sich bei Arrangements – wie die in diesem Buch gezeigten – um Stillleben handelt, liegt es nahe, sich bei der Inszenierung an den klassischen Vorbildern zu orientieren. Eine solche Empfehlung kommt an dieser Stelle des Buches nicht von ungefähr: Im Spätsommer beginnt die an verfügbaren Materialien reichste Jahreszeit. Frühblüher präsentieren nun ihre Samenstände in verschiedenen Reifestadien, Spätblüher dagegen frisch aufgegangene Blumen. Dazu kommt Gemüse und Obst in vielerlei Farben und Formen.

Klassische Stillleben also. Die Vorbilder, die sich für den hier vorgeschlagenen Zweck eignen, erlebten ihren Höhepunkt im 17. Jahrhundert, dem Zeitalter der barocken niederländischen Malerei. Während Rembrandt im protestantischen niederländischen Norden und Rubens im katholischen flämischen Süden sich ihren Porträts, Historien- und Landschaftsbildern sowie anderen Genres widmeten, malten andere Künstler lieber Motive, die Gegenstände des Alltags zeigten. Vornehmlich flämische Meister entwickelten daraus eigene Stilrichtungen: die prachtvollen Blumen- und Früchtestillleben.

Das Wort „Stillleben" beinhaltet, dass das Motiv „stille", also tote, oder besser unbewegliche, Gegenstände zeigt, die leibhaftig, quasi „im wirklichen Leben", vor dem Maler als Modell arrangiert lagen. Bei den Blumenstillleben stimmt dies nur bedingt. Deren Meister bildeten viele Blüten in ihren Straußmotiven mit dem naturwissenschaftlichen Auge eines Botanikers aus den „Florilegien" ab: Tafelwerke, die zu dieser Zeit, in der auch zahlreiche Pflanzenjäger in aller Welt unterwegs waren, der systematischen Ordnung der Arten und Gattungen dienten. Den Malern ging es dabei in erster Linie um die Darstellung aufwändiger Arrangements, die die Vielfalt der Arten demonstrieren sollten, ohne sich allerdings um die natürliche Blütezeit der Blumen zu scheren. So blühen auf einem Werk des wohl bekanntesten Künstlers dieser Stilrichtung, Jan Breughel d. Ä. – auch „Blumen-Breughel" genannt –, einträchtig nebeneinander in einem Strauß Trauben-Hyazinthen und Borretsch, Schneeglöckchen und Schwertlilien, Tulpen und Rosen. Solche Prachtwerke sind folglich, wollte man sie heute als Deko-Kabinettstückchen präzise nachempfinden, ohne kunstfertige, gärtnerische Tricks nicht zu bewältigen. Das muss ja auch nicht sein: Pompöse Blüten, wie die der Pfingstrosen oder Dahlien, zu üppigen Sträußen gebunden und in entsprechende Vasen gestellt, präsentieren die barocke Lebensfreude in Perfektion.

Wer Vergnügen an authentischeren Inszenierungen hat, kann sich an die Früchtestillleben halten. Auf kostbaren Schalen opulent angehäufte Beeren, Blüten und Ähnliches wecken sofort Erinnerungen an die flämischen Originale. Wie die alten Meister kann man wie im Stillleben auf dieser Seite versuchen alle Sinne anzusprechen. Die verschiedenen Blütenformen und die farbigen Früchte schmeicheln den Augen. Brombeeren und Japanische Weinbeeren versprechen dem Geschmackssinn und, in gewisser Weise, auch dem Geruchssinn köstliche Genüsse. Die igelige Ziergurke spielt auf den Tastsinn an. Für die Ohren sind, wenn man so will, die Schnecken da, die in manchen Jahren so hartnäckig die Hornveilchensämlinge wegfressen, dass man sie fast knuspern hört.

So gesehen sind die Schneckenhäuser in diesem Stillleben auch Symbole der Vergänglichkeit und zitieren daher gewissermaßen die Vanitas-Stillleben der niederländischen Malerei, die den schönen Schein der Dinge als Leitgedanken zum Ausdruck brachten.

Vanitas bedeutet, aus dem Lateinischen übersetzt, „Eitelkeit". Im Zusammenhang mit der Kunst wurde dies gleichbedeutend mit „wertlos" und „vergänglich"; die Maler drückten damit aus, dass Werte wie Schönheit, Reichtum und weltlicher Ruhm nicht von Dauer und deshalb auch nicht sonderlich erstrebenswert seien. Darüber ließe sich trefflich philosophieren. Was die Dekorationen nach alten Vorbildern betrifft, hält man sich als Hedonist, als reiner Genussmensch lieber an die Prunk- und Früchtestillleben der alten Flamen: Sie feierten die Welt der sichtbaren, prachtvollen Dinge als rauschendes Fest für hungrige Augen. Dabei mischten sie unbekümmert die verschiedenen Arten der Stillleben miteinander und fügten ihren Werken somit auch gerne einmal ein Vanitas-Symbol hinzu. Klar: Blumen verblühen (oder fallen Schnecken zum Opfer) und Obst wird faul, wenn es zu lange lediglich ein Augenschmaus bleiben soll.

Alles zu seiner Zeit, könnte man daraus für sich und die Lust an schönen Dingen und Dekorationen ableiten. Schließlich steckt in der Vergänglichkeit auch ein großer Reiz. Sie ist der Kern des Lebens, Voraussetzung für den Kreislauf der Natur. Es gibt Mitteleuropäer, die sich nach einer gewissen Dauer im ewigen Grün der Tropen den Wechsel der Jahreszeiten zurückwünschen. Kein Wunder: Wie kann das Frühlingserwachsen so viel Glück bereiten, wenn die langen Wintermonate davor nicht gehörig Appetit darauf machten? Damit liegt in der Vergänglichkeit auch stets allerhand Positives: der Beginn von etwas Neuem.

Trotzdem: Es gibt hierzulande viele, die eine gewisse Wehmut verspüren, sobald eines Morgens im Spätsommer die Ahnung von Herbst in der Luft liegt. Diesen Menschen sei hiermit ein Aspekt der Zen-Philosophie ans Herz gelegt: Lebe ganz bewusst im Hier und Jetzt. Wer nun traurig ist, zahlt genau genommen schon Zinsen für einen Kredit, der noch nicht zur Auszahlung gekommen ist. Genießen Sie die Zeit, in der die Natur noch einmal so richtig auf die Pauke haut!

Dank seiner länglichen Form ist ein solch üppiger Erntedank-Feston aus Zwiebeln, Knoblauch, Peperoni, Salbei, Currykraut und Ziergurken ein besonders eindrucksvoller Tischschmuck.

Artischocken, Buschbohnen, Lauch, Zucchini, Fenchel, Champignons, Äpfel, Aubergine und Rotkohl geben in der prachtvoll verschnörkelten Metallvase ein haltbares Gemüse- und Obststillleben ab.

Kaum zu glauben: Die kastanienfarbigen Früchte *(Cucumis sativus* 'Sikkim'*)* zwischen Zierkürbis, Hopfenblüten und Ziergurke *(Cucumis hirsutus)* gehören einer essbaren Sorte unserer Salatgurken *(Cucumis sativus)* an.

Schließlich geht es ab Spätsommer zu wie im Schlaraffenland: Noch immer reifen die Tomaten heran. Beim Gemüsebeet weiß man kaum, wo man zuerst ernten soll. Es herrscht ein Überfluss an süßen Früchten. Dabei ist das erst der Anfang: Bald kommen die dicken, prallen Kürbisse hinzu, Äpfel, Birnen und all das, was aus dem eigenen Garten am allerbesten schmeckt. Da heißt es, für die Zukunft vorzusorgen: Vieles lässt sich gut einmachen oder einfrieren. Um die Flut an Frischem richtig zu genießen, kann man auch ein kulinarisches Fest mit Freunden oder der Familie feiern, frei nach dem Motto: „Wir ernten, ihr esst!" Dazu gehört natürlich eine zünftige Dekoration mit Obst und Gemüse, ein Augenschmaus, der als optische Vorspeise den Appetit der Gäste anregt. Vielleicht folgen Sie der Anregung, sich von den flämischen Stillleben inspirieren zu lassen, und bringen, mit einem Augenzwinkern, ein paar Schneckenhäuser oder Maikäfer (aus Schokolade!) darin unter. Eine Komposition im traditionellen Erntedankstil ist nicht minder attraktiv. Probieren Sie einmal einen Feston, eine Art Erntezopf für den Tisch, so wie er auf Seite 73 zu sehen ist.

Sternstunden des Vasenjahres: Die Blüten der Montbretie 'Emily McKenzie' befinden sich mit einer Vielzahl an schmückenden, Früchte tragenden Zweigen und schickem Laub in der allerbesten Gesellschaft.

Bevor der Sommer geht, hebt die Natur an zu einem furiosen Finale, das über Monate hinweg immer wieder mit neuen, farbenfrohen Höhepunkten aufwartet. Fast scheint es so, als wollte der Herbst sich mit einem Gastgeschenk empfehlen,

Der Herbst wirbt mit Gastgeschenken

einem Füllhorn, randvoll mit Aufsehen erregenden Blüten, vielfältigen Früchten und Fruchtständen und, später, mit bunten Blättern. Eine äußerst temperamentvolle Jahreszeit, die es liebt, verschwenderisch zu sein.

Zwar gibt es mit Astern, Chrysanthemen und Eriken auch eine leisere, leichte und schwärmerische Variante in Violett, Rosa und Blau. Doch in der Hauptsache leuchten diese Monate in feurigen Farben: von Sonnenblumengelb über Kürbisorange bis hin zu Hagebuttenrot. Ein solches Luxusangebot verführt regelrecht dazu, die Natur zu plündern – natürlich nur in Maßen – um die Terrasse und Gartenecken, die ein bisschen frischen Pep vertragen könnten, immer wieder neu damit zu schmücken. Mit Zinnien, die umso fröhlicher und frecher leuchten, wenn man orange Blüten mit solchen in Pink und Pflaumenfarben mischt. Mit Dahlien, natürlich. Mit Sommer-Astern und ihren späten Schwestern in Karmin. Mit den bis zum Frost unbekümmert immer weiterblühenden Schmuckkörbchen in Rot. Mit den glühenden Sorten der Chrysanthemen, die, je nach Vorliebe, natürlich und ungefüllt daherkommen, extravagant anemonenblütig, strahlenblütig, spinnenförmig, in der exotisch anmutenden Reflexform (die auf der folgenden Seite hinter dem Tablett zu sehen ist) oder als wohlerzogene Pompons. Nicht zu vergessen die viel geliebten Sonnenblumen mit ihrem ländlichen Charme.

Selbst Eingemachtes hat heutzutage wieder einen hohen Stellenwert und ist somit entweder ein geschätztes Mitbringsel oder ein individuelles Geschenk für Gäste, die sich beim Abschied am Buffet bedienen dürfen.

Rezept für ein pikantes Paprika-Antipasto

Für 4–6 Portionen: 1 kg Paprika, 1/4 l Olivenöl, 3 Knoblauchzehen, 1 Essl. Salz, 1 Teel. Zucker, ein Zweig Thymian, 1 Essl. Balsamico, 1/4 l Rotweinessig. Paprikahälften unter dem Grill rösten; häuten. In 1/8 l Olivenöl anbraten. Salz, Zucker, Thymian und Knoblauch (in Scheiben) zugeben und mitdünsten. Essige und restliches Öl zufügen. Aufkochen und abkühlen. Sud am nächsten Tag aufkochen. Paprika in Gläser geben; abgekühlten Sud darüber geben, gut verschließen.

Die große Stärke des Herbstes liegt jedoch in der unglaublichen Vielfalt an attraktiven Früchten. Sie sind die perfekte Ergänzung der bunten Blüten und haben denen sogar noch etwas voraus: Sie halten viel länger und es lohnt sich daher, auch einmal eine aufwändigere Dekoration zu versuchen. Was keineswegs heißen soll, dass man damit nicht mal schnell etwas zaubern kann – im Gegenteil! Eine Schale mit Zierkürbissen, Lampionblumen und Dahlienblüten ist sofort fertig. Kein Wunder also, dass so viele Menschen vor allem zu dieser Jahreszeit ihre Lust am Arrangieren entdecken oder neu aufleben lassen.

Romantische Stimmung zur windstillen Abendzeit: Der Kerzenständer ist geschmückt mit Dahlienblüten, Zierkürbissen, Ziergurken und einer „Ranke“ aus Golddraht mit Lampionblumen.

Sein Herz für den Herbst kann bei diesem Anblick bestimmt jeder entdecken! Der prachtvolle Kranz enthält Hortensien, Chrysanthemen, Hagebutten, Ziergurken, Mohnkapseln, Mispeln und andere pflanzlichen Juwelen.

Das Früchtevergnügen beginnt im August: Lampionblumen verlocken mit leuchtorangen Ballons, die jedes Arrangement wie von selbst in ein echtes Highlight verwandeln. Die Vogelbeere färbt die erbsengroßen Beeren ihrer Doldenrispen rot, die auf dekorationsbegeisterte Menschen ebenso attraktiv wirken wie auf hungrige Vögel. Besonders beliebt sind Hagebutten. Die gibt es nicht von jeder Rose! Klein, etwa zwei bis drei Zentimeter lang und einen Zentimeter dick werden die Hagebutten der Hunds-Rose *(Rosa canina)*, etwas größer die der Essig-Rose *(R. gallica)*, lang und flaschenförmig die der Mandarin-Rose *(R. moyesii)*. Man schneidet die Triebe, wenn die Hagebutten gut ausgefärbt, aber noch hart sind, sonst werden sie schnell matschig und schrumplig.

Ab September öffnet sich das Füllhorn weiter und gibt die fruchtig duftenden Zierquitten preis. Außerdem Zieräpfelchen, je nach Sorte in Gelb, geflammtem Orange bis hin zu Rot. Kostbar glänzen die in doldigen Rispen zusammenstehenden, dunkelroten Früchte des Weißdorns. Wie kleine, tropfenförmige Korallen erscheinen die Früchte der Berberitze *(Berberis thunbergii)*. Zu all diesen verschiedenen Rottönen bilden die igeligen Fruchthüllen der Ess-Kastanie einen schönen Kontrast. Fast schon künstlich wirken dagegen die kugelig dicht zusammenstehenden, ungewöhnlich lila ausgefärbten Beeren des Liebesperlenstrauchs *(Callicarpa bodinieri)*.

Als wäre all dies noch nicht genug, reifen im Oktober weitere Schmuckstücke an den Sträuchern heran: weiße bis rosa überhauchte Schneebeeren, dunkelblaue, bereifte Schlehen sowie Dolden mit den roten Beeren des Schneeballs. Auch unter den Oktoberfrüchten gibt es einen Paradiesvogel: das Pfaffenhütchen. Man schneidet die Triebe, wenn die Kapseln gut ausgefärbt, aber noch geschlossen sind. Sie öffnen sich in der Vase und offenbaren einen überraschend schrillen Kontrast: Die Hülle leuchtet in Pink, die Frucht in Gelborange. In mit Wasser gefüllten Vasen oder in Feuchtsteckmasse halten Triebe mit Fruchtschmuck drei bis vier Wochen oder länger. Entfernen Sie vorher alles Laub: Es bietet zu viel Verdunstungsfläche und ist anfällig für Fäulnisbildung. Viele Fruchttriebe und Früchte eignen sich gut zum Eintrocknen und weichen erst der Adventsdeko – es sei denn, man möchte sie darin integrieren.

Bild unten:
Ein Nest mit Eiern ist im Herbst schon ein ungewöhnlicher Anblick. Umso mehr gerät dieser Reisigthron für Birnen zum Hingucker. Ein edler Übertopf und eine „Halskette" aus Hagebutten und Zieräpfeln vervollkommnen die originelle Idee.

Die blaue Stunde bittet zum Genuss

Die frühen Herbstwochen erscheinen so manchem als ein ebenso beeindruckendes Highlight der Gartensaison wie der Frühling. Die arbeitsreichen, mit Buddeln, Unkrautziehen und Abschneiden verwelkter Blüten angefüllten Monate gehen vorüber, die Natur begibt sich langsam, aber spürbar zur Ruhe. Zeit auch für den Menschen, sich ein wenig zurückzuziehen, dem Müßiggang hinzugeben und das Leben zu genießen.

Um dies einmal bewusst für sich zu zelebrieren, wählt man am besten die Dämmerung, die in diesen Wochen schon ziemlich früh hereinbricht. Vielleicht hat man Glück: Die tief stehende Sonne sendet ihre schrägen Strahlen vom Himmel und es weht ein laues Lüftchen in Erinnerung an den noch sehr nahen Sommer. Jetzt aber schnell: Einen feinen Tee kochen, den bequemen Gartensessel zurechtrücken, ein paar Windlichter anzünden und den Zauber der blauen Stunde in vollen Zügen auskosten.

Ein feinsinniges Schauspiel entwickelt sich mit den länger werdenden Schatten. Zuerst strahlt die Welt noch im Schein der Sonne, die sich anschickt, am Horizont zu versinken. Das immer schräger einfallende und zunehmend röter werdende Licht verändert die Stimmung von Augenblick zu Augenblick und bringt dabei warme Farben zum Leuchten. Inspiriert durch dieses Phänomen, legte der Maler Claude Monet in seinem Garten in Giverny eine Dämmerungsrabatte an. Er bestückte sie mit gelb und rot blühenden Blumen, damit das Beet in der untergehenden Sonne wie die verglühende Asche eines Feuers funkelt.

Träumereien in Blau: Chrysanthemen in kühlen Rottönen, Hortensien, silber- und purpurfarbenes Laub und eine violette Malve leuchten in der aufkommenden Dämmerung besonders geheimnisvoll.

„Auge in Auge" mit der Artischockenblüte erscheint diese wie ein bizarres Geschöpf aus einer anderen Welt. Ihr purpurner Schimmer wird durch Blumen in verwandten Farben hervorgehoben.

Dass ausgerechnet Claude Monet auf die Idee kam, ein Beet speziell für die Dämmerung zu entwerfen, verwundert nicht sonderlich: Schließlich malte er ein und denselben Heuhaufen hinter seinem Haus immer wieder, nur um die sich stets verändernden Lichtverhältnisse zu den unterschiedlichen Tageszeiten festzuhalten. Da das Licht schneller wechselte, als Monet malen konnte, arbeitete er phasenweise an mehreren Leinwänden. Insgesamt entstanden aus diesem Projekt 25 Heuhaufenbilder – jedes in seiner ganz eigenen Stimmung.

Während Monet darum kämpfen musste, die Simmung des Tageslichts während der immer kürzer werdenden Herbsttage mit Pinsel und Ölfarbe festzuhalten, können Sie sich gemütlich zurücklehnen, um den reizvollen Wechsel der Farben entspannt zu verfolgen. Sobald sich die Dämmerung über das Land legt, ist sie da, die viel gepriesene blaue Stunde. Jetzt verändert sich die Atmosphäre spürbar schnell: Rote, orange und gelbe Blüten verlieren mehr und mehr ihre Leuchtkraft. Blaue, grüne und violette Töne schimmern noch eine Zeit lang und werden dann für das Auge fast unsichtbar. Bald wird der Garten nur noch in Blau-grau-Tönen wahrgenommen, weiß und pastell bilden die letzten erkennbaren Lichtpunkte.

Die floristischen Kompositionen auf diesen Seiten sind speziell der blauen Stunde gewidmet. Mit ihren Blüten und Farben sollen sie den Zauber dieser besonderen Tageszeit noch ein wenig verstärken. Und gleichzeitig die Vorfreude darauf etwas erhöhen, denn während man sich eine passende Dekoration zur Feier der Dämmerung ausdenkt und herrichtet, hat die blaue Stunde in der Fantasie schon ein kleines bisschen begonnen.

Gefüllter Kürbis

Sie brauchen: Kürbis, Messer, Löffel, Feuchtsteckmasse, Frischhaltefolie, farblich passende Herbstblüten, z. B. Hortensien und Chrysanthemen, Steckdraht.

So wird's gemacht: Einen „Deckel" vom Kürbis abschneiden. Das Fruchtfleisch mit einem Löffel gründlich entfernen – es fault sonst sehr schnell. Feuchtsteckmasse bis auf die Oberseite in Frischhaltefolie wickeln. Auch dies beugt Fäulnis vor. Feuchtsteckmasse mit Blüten bestecken und den Deckel mit Steckdraht in der richtigen Höhe befestigen.

Bild unten:

Gefüllter Kürbis: Mit seiner Silberfarbe und den farblich passenden, bis ins kühle Karmin spielenden Blüten kann ein Kürbis auch edel wirken.

Deko mit Heucherakugel: Pinkfarbene Mini-Alpenveilchen thronen in schicken Gugelhupfformen über einer mit Perlen besetzten Luxuskugel aus dem Laub des Purpurglöckchens *(Heuchera)*.

Deko mit Heucherakugel

Sie brauchen: originelle „Übertöpfe“, z. B. Kuchenformen, Pokale o. Ä., Töpfe mit Mini-Alpenveilchen, Herbstblüten und -gemüse zum Dekorieren; für die Kugel: Styroporkugel, Stecknadeln, Blätter vom Purpurglöckchen (Heuchera), Perlen.

So wird's gemacht: Die Blätter auf die Styroporkugel auflegen. Stecknadeln durch die Perlen stechen und die Blätter damit feststecken. Alles ansprechend arrangieren, z. B. wie auf dem Foto oben gezeigt.

Der Jahreszeit entsprechend passen zum Thema herbstliche Blüten, wie die von Chrysanthemen, Alpenveilchen, Herbst-Astern, Erika, Hortensien und anderen Spätblühern sowie Blätter und Früchte in kühlen Farben: von Silber über helle, auch rosa überhauchte Blautöne und blaustichiges Grün bis hin zu Violett und Karminrot. Dass solche Ton in Ton komponierten Dekorationen auch tagsüber attraktiv sind, versteht sich von selbst. Zuweilen spielen sie dann sogar einen Trumpf aus: Sie verbreiten ihr träumerisches Flair gerade in trüben Zeiten, wenn die Sonne sich wieder einmal nicht blicken lässt.

Alpenveilchen fühlen sich draußen auf der Terrasse oder im Garten viel wohler als im Haus. Sie blühen bis zum Frost, der ihnen zwar die offenen Blüten, nicht aber die Knospen nimmt.

Die roten Äpfel dieses Kranzes erinnern an Weihnachtskugeln. Die silbergrünen Eukalyptus-Blätter vermitteln das Gefühl eines Hauchs von Raureif, selbst wenn das Wetter dafür noch zu warm ist.

Versuchung in Rot

Zugegeben: Die goldenen Äpfel der Hesperiden waren so wertvoll, dass sie von einem hundertköpfigen Drachen bewacht werden mussten. Aber erstens handelte es sich dabei wahrscheinlich um Orangen oder Quitten. Zweitens sehen rote oder zumindest rotbackige Äpfel sinnlicher und appetitlicher aus. Vor allem, wenn man sie im Herbst oder gar im Advent zur Dekoration verwendet. Rot hat Pep – das tut gut, wenn die Tage kurz und grau geworden sind. Erst recht zusammen mit Grün, welches als Komplementärfarbe das Rot so richtig zum Leuchten bringt. Ein paar Tannenzweige, zum Kranz gebunden, darauf Äpfel oder Zieräpfel – mehr braucht man nicht für einen verlockenden Willkommensgruß.

Lecker, so finden die Deutschen ihr Lieblingsobst Nummer eins, in allererster Linie jedoch gesund. „Ein Apfel am Tag hält den Doktor fern", sagen die Engländer und fügen hinter vorgehaltener Hand mitunter hinzu: „... wenn du sehr fest und zielsicher wirfst." Typisch.

Damit die Äpfel bleiben, wo sie sind, wird der Topf zunächst mit Steckmasse gefüllt. Die Früchte erst auf Steckdraht oder Schaschlikspieße und diese dann in die Steckmasse stecken. Mit Tillandsien garnieren.

Der britische Humor kann dem guten Ruf des Apfels sicher nichts anhaben. Trotzdem haftet ihm da noch eine alte Geschichte an: die Sache mit dem Sündenfall. Ob er daher wohl den botanischen Namen *Malus* hat? Das lateinische Wort „malum" bedeutet sowohl „der Apfel" als auch „das Böse". Dabei hatte er mit der Vertreibung von Adam und Eva aus dem Paradies vermutlich gar nichts zu tun. Das Gebot an die beiden ersten Menschen lautete: „Von dem Baum der Erkenntnis des Guten und Bösen sollst du nicht essen." Vom Apfel ist hier nicht die Rede. Wahrscheinlich wird es ihm deshalb angelastet, weil er schon immer und in allen Kulturen, die ihn kennen, ein Symbol der Fruchtbarkeit und der weiblichen Schönheit war. Das brachte ihm im Übrigen auch bei den Gottheiten der alten Griechen nicht nur Gutes ein: Paris, ein schöner Königssohn, bekam von Hera, Athene und Aphrodite einen goldenen Apfel mit der Aufschrift „der Schönsten" in die Hand gedrückt. Jede beanspruchte ihn für sich, und Paris sollte der Schiedsrichter sein. Die Göttinnen versuchten, ihn zu bestechen: Die eine versprach ihm die Herrschaft über die Erde, die andere Sieg in der Schlacht und die dritte die schöne Helena.

Die Bestechung gelang: Paris gefiel der Gedanke, die schönste Frau der Erde zu heiraten. Er gab Aphrodite den Apfel und kürte sie so zur schönsten der drei Göttinnen. Das gab Ärger: Helena bekam er wohl, aber erstens war dies letztendlich der Anlass für den Trojanischen Krieg, zweitens verlor er nach dem Urteilsspruch seine Männlichkeit, die Hera und Athene ihm verliehen hatten.

Wenn man heute jemand einen Apfel reicht (und derjenige ihn sogar noch annimmt), ist das ein ziemlich eindeutiges Angebot, selbst wenn es ursprünglich lediglich eine Liebeserklärung bedeutete. Das funktioniert überdies auch verbal, wie bei Herrn Goethe im ersten Teil des Faust zu lesen steht. In der Walpurgisnacht tanzt Faust „im Harzgebirg" mit einer jungen Frau und sagt zu ihr: „Einst hatt' ich einen schönen Traum; / Da sah ich einen Apfelbaum, / Zwei schöne Äpfel glänzten dran, / Sie reizten mich, ich stieg hinan." Das Mädchen wird daraufhin offensichtlich nicht einmal rot, denn sie antwortet: „Der Äpfelchen begehrt ihr sehr, / Und schon vom Paradiese her. / Von Freuden fühl' ich mich bewegt, / Dass auch mein Garten solche trägt."

Nicht nur erotische, sondern auch magische Kräfte sprach man dem Apfelbaum bei den Kelten zu. Er stand für ewige Jugend und sogar für die Unsterblichkeit. Das Paradies der Kelten hieß „Avalon" – das „Apfelland". Ihr wichtigster Feiertag war „Samhain", das Ende des alten und der Beginn des neuen Jahres in der Nacht zum 1. November. Da feierte man ein Apfelfest, denn der Apfel war das Symbol für Sterben und Wiedergeburt. Aus dem keltischen „Samhain" wurde das christliche „Halloween" (von „allhallows eve" – der „Abend aller Heiligen", sprich Allerheiligen). Wem dieses durch Kürbisse dominierte Fest etwas zu amerikanisch ist, kann ihm ja seinen Ursprung entgegensetzen. Mit einer schicken Apfeldekoration auf der Terrasse oder an der Haustür sieht es zu Allerheiligen bei Ihnen auch garantiert anders aus als bei Ihrem Nachbarn. Das hat doch was!

Eine zünftige Apfeldekoration, bei der man ruhig einmal zugreifen darf. Fällt die Ernte kleiner aus, füllt man die großen Körbe bis eine Handbreit unter den Rand mit Styroporflocken oder zerknülltem Papier.

Adventsdeko mit Vogelhaus: Das weihnachtlich bemalte Vogelhäuschen und die hochwertige Metallvase erheben das dicht verwobene Arrangement zu einem Schmuckstück der Extraklasse.

... sowie vom Garten komm ich her – und hab' eine Menge wunderschöner Dinge mitgebracht: Tannen- und Kiefernzapfen, Lärchenzweige, Eichelhütchen, Schlehenfrüchte, Birkenreisig – all dies und vieles mehr für eine schöne, rustikale Winterdekoration auf Balkon und Terrasse. Ein paar Farbtupfer machen sich da nicht schlecht, und die kommen z. B. von den Zweigen im-

Von drauß' vom Walde

mergrüner Pflanzen wie Nadelgehölzen, Buchs, Stechpalme, Mahonie, Kirschlorbeer und Efeu. Außerdem von Früchten, die dem Frost ebenso standhaft trotzen wie die Schlehen: die korallenroten Amerikanischen Winterbeeren *(Ilex verticillata)* zum Beispiel, oder Zieräpfelchen, wie die gelben der Sorte 'Wintergold', die orangen von 'Professor Sprenger' oder die dunkelroten von 'Red Sentinel'. Rote Früchte trägt auch die Rebhuhnbeere *(Gaultheria)*, die inzwischen im Herbst überall als Topfpflanze zu haben ist und tapfer bis ins Frühjahr hinein Farbe auf die Terrasse bringt. Natürlich darf man sich ebenso im Floristenbedarf bedienen: Eingefärbtes Laub oder Samenkapseln machen die winterlichen Arrangements fröhlicher.

Ab Anfang Dezember kommt so langsam die Lust auf weihnachtlichen Schmuck. Dekodraht in Gold und Silber, Perlen, frostfeste(!) Christbaumkugeln und Bänder verleihen jeder Dekoration jetzt eine großzügige Portion Festlichkeit, ebenso vergoldete oder versilberte Mistelzweige oder Fruchtstände von Edeldisteln. Ein bisschen Schnee wäre nicht schlecht, und wenn Frau Holle partout wieder einmal auf sich warten lässt, dann kommt die weiße Pracht ganz einfach aus der Sprühdose!

Adventsdeko mit Vogelhaus

Sie brauchen: ein schönes Gefäß, z. B. einen Pokal, einen Fertigkranz aus Birkenreisig, Trockensteckmasse, Deko-Vogelhaus, Zapfen, Beeren, Zieräpfel und andere Früchte sowie Samenstände zum Dekorieren.

So wird's gemacht: Fertigkranz aus Birkenreisig auf den Gefäßrand setzen. Trockensteckmasse in das Gefäß legen. Vogelhaus durch den Kranz auf die Steckmasse setzen. Das Ganze mit Zapfen, Beeren etc. ausschmücken.

Bild unten:
Zieräpfel in Rot und Gelb, eingefärbte Mohnkapseln sowie an rotem Draht befestigte Perlen geben einen festlichen Rahmen für die ganz oben auf dem „Weihnachtstopf" thronende Christbaumkugel.

Die Heiligen Drei Könige, Granatäpfel mit Blattgoldverzierung, Olivenzweige sowie Gefäße und eine Lampe aus dem Vorderen Orient zaubern Krippenstimmung der besonderen Art.

Erinnerung an das Morgenland

Klassischer Weihnachtsschmuck leuchtet (vor allem solang Kinder im Haus sind) in Rot und Grün. Vielleicht haben Sie es auch schon einmal edel nur in Weiß oder Silber probiert. Wie wäre es zur Abwechslung mit einer Variante, die an die Ursprünge dieses Festes erinnert: an das Morgenland, das uns die wundersamsten und zauberhaftesten Dinge beschert?

Gefäß mit „Nusskranz“

Sie brauchen: ein hohes Gefäß, eine Kugel, z. B. aus Terrakotta, Feuchtsteckmasse, Buchs- und Kletterhortensienzweige, Laub vom Kirschlorbeer, Steckdraht, Walnüsse, Weihnachtskugeln in Walnussform, Erdnüsse, Kupferdraht.

So wird's gemacht: Steckmasse in den Topf legen und oben eine Mulde für die Kugel herausschneiden. Zweige von Buchs, Kletterhortensie und Kirschlorbeer hinzufügen. Die Walnüsse mit Hilfe von Steckdraht befestigen. Mit einem langen Kupferdraht die Erdnüsse mit etwas Abstand voneinander umwickeln. Dann den Draht locker um das Gesteck legen. Zum Schluss die Weihnachtskugeln anhängen.

Gefäß mit „Nusskranz“: Durch die mit Gold betupfte, große Kugel und den bronzefarbenen Walnussschmuck erhält diese fein und verspielt wirkende Komposition einen luxuriösen Touch.

Die Weihnachtsdekoration im Morgenland-Stil hat mit der bescheidenen Krippenromantik wenig zu tun. Nur die Gaben der Heiligen Drei Könige lassen erahnen, welche Kostbarkeiten der Vordere Orient zu bieten hat: Gold, Weihrauch und Myrrhe. Echte Luxusgüter also, und warum soll Weihnachten nicht auch einmal schwelgerisch, opulent und glamourös daherkommen?

In diesem Fall lautet die Devise ausnahmsweise einmal „Mehr ist mehr" – zumindest, was die Üppigkeit der Arrangements betrifft: Zweige oder Draht werden dicht gesteckt oder gewunden und mit möglichst vielen verschiedenen Schmuckstücken kombiniert. Je luxuriöser die Ausstattung, desto zurückhaltender bleiben die dazu passenden Farben. Gold, Silber und Bronze spielen bei den wunderbar prunkvollen Inszenierungen die Hauptrolle. Samtig und seidig schimmerndes Purpur, Granatapfelrot und Olivgrün passen hervorragend in das festliche Farbkonzept und verleihen dem kühlen Charakter der Edelmetalle etwas Wärme.

Falls Gefäße die Basis für die Weihnachtskompositionen nach 1001 Nacht sind, sollten sie exklusiv sein oder zumindest so wirken. Findet sich keine verschnörkelte Metallvase, kein Pokal und kein mit orientalischen Ornamenten bemaltes Gefäß, behilft man sich wirkungsvoll mit einem hohen Tontopf, der für diesen Anlass in Silber angemalt oder besprüht wird. Wer ein bisschen geschickt ist, kann mit einem feinen Pinsel auch zarte Blumenranken in Gold aufmalen.

Als Dekorationsmaterial passt alles, was an Weihnachten und das Morgenland erinnert, wie z. B. aus getriebenem Metall und buntem Glas gearbeitete Laternen aus Marrakesch. Was die Herkunft der Accessoires betrifft, ist eher Lässigkeit als historische Präzision gefragt, schließlich soll die Dekoration auch Spaß machen. So können neben türkischen auch marokkanische Teegläser kurzerhand zu Windlichtern umfunktioniert werden, und selbst deutsche Walnüsse, italienische Pinienzapfen und südostasiatischer Sternanis verwandeln sich durch silberne oder bronzene Bastelfarbe in orientalisch anmutende Kleinode. Kugeln aller Art passen wunderbar dazu, wenn sie matt und metallisch glänzen und vielleicht sogar ein Rippenmuster haben.

Bild unten:
Die matt purpur schimmernde Kugel bringt Farbe in die ansonsten kühl und edel wirkende Dekoration mit Silberdraht und matt glänzenden Perlen.

Purpur, Bronze, Gold und Silber sowie reliefartige Schnörkelornamente in Metall oder Metalloptik – morgenländische Pracht zaubert weihnachtliche Stimmung.

Gut behütet vor der Winterkälte kann der Engel weihnachtlichen Gedanken nachhängen. Eine Vase mit Wabenmuster, Perlenblumen und Accessoires in Bronze und Gold verbreiten barockes Flair.

Engel haben Konjunktur. Als persönliche Beschützer oder liebenswürdige Gartenbewohner das ganze Jahr über. Zu Weihnachten jedoch ganz speziell, und dann unbedingt solche mit Flügeln. Die hatten Engel nicht immer:

Ein himmlisches Barockvergnügen

In der frühchristlichen Kunst stellte man die Götterboten flügellos dar. Erst im 4. Jahrhundert wurden sie mit Flügeln ausgestattet – nach dem Vorbild antiker Siegesgöttinnen. Im Gegensatz zu denen waren Engel jedoch sittsam zur Gänze bekleidet und erhielten dazu noch einen Heiligenschein. Das blieb so bis zur Renaissance, als die antiken Putten, nackte oder spärlich verhüllte Kindergestalten, zu engelsgleichen Wesen aufstiegen. Die berühmtesten darunter sind eher Bengel: Mit gelangweilter Miene rekeln sie sich am unteren Rand von Raffaels Sixtinischer Madonna herum. Heute prangen sie als Massenware von Postkarten, Postern und Tassen. Das haben sie davon! Im Barock und Rokoko erscheinen Putten extra drall und sinnenfreudig und kommen der Verkörperung eines fröhlichen Engeltyps in der Tradition des Liebesgottes Eros besonders nahe.

Diese sympathischen Geschöpfe sind es vor allem, die Weihnachtsgefühle zu wecken vermögen, und so dienen sie hier als Basis für eine Deko im Barock-Look. Übrigens: Das Wort „Barock" hat seinen Ursprung im Portugiesischen: „barroco" nannte man eine unregelmäßig schiefrund geformte Muschel, und Juweliere charakterisierten damit die unregelmäßige Oberfläche von Perlen. Daraus entstanden das italienische „barocco" und das französische „baroque" mit den Bedeutungen „schief" und „unregelmäßig".

Ab dem 17. Jahrhundert – dem Zeitalter des Barock – beschrieb dieser Zeitgeist etwas gehässig einen mit Schwulst und Pathos überladenen Kunststil, ein Beigeschmack, der sich erst Mitte des 19. Jahrhunderts verlor. Sinnenfreudig, verschwenderisch, nostalgisch, ziemlich feierlich und liebenswert kitschig – so fühlt sich Barock heutzutage für die meisten Menschen an. Genau das Richtige also für ein Fest wie Weihnachten.

Viele Bilder aus der Barockzeit sind in warmen Brauntönen gehalten. Das lässt sich für die Engeldekoration als feierliche Variante einsetzen: Gold und Bronze passen hier wunderbar, und in diesem Glanz machen sich auch die Engel am besten – in Weiß stächen sie aus der Szenerie zu sehr hervor. Kugeln dürfen nicht fehlen, glatte ebenso wie gerippte – dazu Varianten in Tropfen- oder Rosenform. Außerdem „Goldblüten", zum Beispiel aus Miniperlen auf Draht, kombiniert mit prachtvollen Gefäßen, die gern verschnörkelt sein dürfen. Wem der Barock zu überschwänglich wird, kann eine „Light-Version" zusammenstellen, die etwas von der feierlichen und sinnenfreudigen Stimmung vermittelt, aber doch ein Quäntchen zurückhaltender und geradliniger wirkt. So, wie im Bild rechts: Hochwertige Terrakottatöpfe mit strenger Rechteckform erhalten durch locker verteilte Goldtupfer ein weihnachtliches Outfit. Mit Goldkugeln, Kerzen, Zapfen, Sternanis, treibenden Krokuszwiebeln (quasi als Symbol für neues Leben) und „Engelshaaren" aus Sisal kommt Barockflair auf – ganz dezent.

Auch die Natur präsentiert jetzt einiges in der passenden Farbstimmung: Kiefernzapfen, beispielsweise, oder bizarre Zweige, wie die Äste des abenteuerlich verdrehten Korkenzieherhaselstrauches und der Korkenzieherweide. Etwas Immergrün belebt die Arrangements: Ranken und Früchte des Efeus oder Zweige von feingliedrigeren Nadelgehölzen wie Wacholder und Scheinzypresse.

Bild rechts oben:
Gut gelaunt räkelt sich der Engel auf dem mit Zepterkugel und Johanniskrautfrüchten geschmückten Lager.

Bild rechts unten:
Bronzefarbene Kugeln verleihen dem Metallpokal eine äußerst feierliche Ausstrahlung.

Bild unten:
Barock in der „Light-Version": Kerze, Zapfen und Krokuszwiebeln quadratisch auf einem passenden Topf arrangiert.

Hartriegel-Weihnachtsbaum: Ein Geflecht aus Zweigen in Kegelform, gefüllt mit winterlichem Zierrat, gibt einen echten Hingucker. Pfiffig auch das Minibäumchen rechts aus einem geschmückten Zapfen.

Hartriegel-Weihnachtsbaum

Sie brauchen: Zweige des Tatarischen Hartriegels (Cornus alba 'Sibirica', roten Draht, Perlen; Moos, Herbstfrüchte, Zapfen etc. zum Füllen; Untersetzer.
So wird's gemacht: Perlen nacheinander auf den roten Draht ziehen. Dabei jede Perle fixieren, indem man den Draht vor und nach der Perle etwas verbiegt oder ein zweites Mal hindurchzieht. Hartriegelzweige mit Perlendraht am unteren Ende zusammenbinden. Zweige tütenförmig auseinander biegen und mit Perlendraht so verbinden, dass sich oben eine Öffnung von ca. zehn Zentimeter Durchmesser bildet. Die „Tüte" mit Moos, Zapfen, Früchten, Zieräpfeln etc. ausstopfen. Den Untersetzer obendrauf legen und festhalten. Das Ganze umdrehen und aufstellen.

Bild oben:
Das Erfolgsgeheimnis dieses Weihnachtsbaums aus Efeu, Buchs und Äpfeln ist eine Pyramide aus Feuchtsteckmasse im Inneren, in die alles hineingesteckt wird.

Was macht einen Weihnachtsbaum zum Weihnachtsbaum? Im Wesentlichen seine Pyramidenform und die Farben Rot und Grün, mit ein wenig Gold oder Silber kombiniert. Ausgehend von diesen Grundelementen lassen sich ausgefallene Alternativen zum gewohnten Modell entwickeln: Weihnachtsbäume nach Gärtnerinnen-Art für Balkon, Terrasse und den Platz draußen

Weihnachtsbäume nach Gärtnerinnen-Art

neben der Haustür. Das Vergnügen beginnt schon beim Fertigen einer Miniaturversion: Rote Beeren und grüne Triebspitzen von Nadelgehölzen (echt oder aus dem Bastelladen) werden an einen offenen Kiefern- oder Pinienzapfen geklebt. Fertig. Verblüffend einfach, nicht wahr? Sehr ungewöhnlich wirkt der Weihnachtsbaum aus Zweigen in Kegelform, den Sie auf dieser Seite beschrieben finden. So hat Ihre Familie den Traditionsfestschmuck bestimmt noch nie gesehen! Etwas näher am Original ist der Weihnachtsbaum in der Steinvase im Bild oben. Dafür gibt es pyramidenförmige Steckmasse in verschiedenen Größen fertig zu kaufen. Die hat jedoch ihren Preis, auch wenn man sie zwei bis drei Mal verwenden kann. Sehr viel günstiger ist es, die Pyramide einfach aus einem größeren Block Steckmasse selbst herauszuschneiden.

Eislaterne: Wie schön, wenn der Winter sich einmal von seiner besten Seite zeigt! Die Eislaternen stammen zwar aus der Gefriertruhe, doch mit einem Teelicht wird ein wunderbarer Frostzauber für die Terrasse daraus.

Eiskristall und Raureifzucker

Feucht muss die Luft sein. Und frostig, unter 0 Grad C. Dann wachsen Eiskristalle. Meist geschieht dies nachts, und so wacht man eines Wintermorgens auf und schaut in eine weiße Glitzerwelt. Doch was, wenn der Raureif ausbleibt, wenn man ihn braucht? Erfreulicherweise gibt es ein paar Tricks, wie man dem Eiszauber etwas nachhelfen kann!

Eislaterne

Sie brauchen: Form für eine Eislaterne, alternativ zwei frostfeste Gefäße, die ineinander passen, bzw. eine Gugelhupfform; Fichtenzweige, destilliertes Wasser, Teelichte, Dekoelemente wie Rentier, Zapfen und Früchte.

So wird's gemacht: Eislaterne bzw. die ineinander gestellten Gefäße oder Gugelhupfform mit destilliertem Wasser ausgießen (destilliertes Wasser bleibt beim Gefrieren klarer), Fichtenzweige hineinstellen und im Gefrierschrank gefrieren lassen. Mit Teelichten etc. ansprechend arrangieren.

Schöner die Eiskristalle nie funkeln: Kugeln, Stern und Rosenblüten wurden erst mit Sprühkleber eingesprüht und dann vorsichtig in Kristallzucker gewälzt. Gewusst wie ...

Edles Wintervergnügen in Weiß: Da Alpenveilchen bei Minusgraden ihre Blüten einbüßen, inszeniert man hier die Raureifatmosphäre besser mit Dekofrüchten im Frost-Look und Schneespray.

Wenn der Frost bei der Inszenierung den Ton angeben soll, hält man die Dekoration in einer kühlen Farbstimmung aus Weiß und Silber. Das Silber stammt dabei zumeist – wie auch der Schnee – aus der Sprühdose und verwandelt Zapfen, Fruchtstände, Trockenblüten und Ähnliches in kleine Kostbarkeiten aus einer verzauberten Winterlandschaft. Auch eine schon vorhandene Kugel, die nicht ganz die passende Farbe hat, verändert durch Kunstschnee völlig ihren Charakter – geradeso, als hätte man sie speziell für die Frostdeko ganz neu besorgt.

Um dem Raureif bei Bedarf etwas auf die Sprünge zu helfen, können Sie sich eines einfachen Kniffs bedienen: Sprühen Sie die Dekofrüchte, Blüten, Samenstände, Kugeln oder was immer von „Eiskristallen" überzogen sein soll zunächst mit einem Sprühkleber aus der Dose ein. Wälzen Sie sie dann vorsichtig in einer Schale mit haushaltsüblichem Kristallzucker. Alternativ dazu gibt es im Fachhandel jedoch auch vielerlei „vorgefrostetes" Dekomaterial zu kaufen. Alle diese Raureifvariationen haben einen großen Vorteil: Sie schmelzen nicht – wie die echten Eiskristalle – im Nu dahin, wenn die Wintersonne einmal darauf scheint, sondern funkeln wie unzählige kleine Diamanten.

Raureif-Topf

Sie brauchen: Ein Gefäß, Feuchtsteckmasse, eine gezuckerte oder mit Schneespray eingesprühte Weihnachtskugel, Fichten- und andere Koniferenzweige, gezuckerte oder gesprayte Rosenblüten (getrocknet oder Dekoblüten), in Silber angesprühte Fruchtstände der Jungfer im Grünen (Nigella), Zweige der Sternmagnolie, Perlen, Silberdraht, ein Metall- oder Glasstern.

So wird's gemacht: Die Feuchtsteckmasse kegelförmig zuschneiden; dabei oben eine Mulde für die Kugel formen. Einen Kranz aus den Zweigen der Sternmagnolie winden und mit Draht fixieren. Die Steckmasse in den Topf legen. Den Kranz darüber stülpen und auf dem Topfrand ablegen. In Runden die Fichtenzweige, die Rosenblüten, die Koniferenzweige, die Fruchtstände der Jungfer im Grünen und wieder Fichtenzweige stecken. Die Kugel auflegen. Perlen auf einen Draht ziehen und locker um das Gesteck legen. Den Stern befestigen.

Bild unten:

Raureif-Topf: Rosenblütenrosa, silberfarbene Früchte der Jungfer im Grünen und Perlen – auch Frost kann einen Hauch von Romantik ausstrahlen.

Grün wie das Leben und rund wie der ewige Kreislauf der Natur: Polstermoos, mit Krampen auf einen Fertigkranz gesteckt, wird durch Perlen und gewellten Dekodraht silvesterfein.

Grund zum Feiern

Man sollte meinen, Silvester wäre bunt, des ganzen Trubels wegen. Eigentlich jedoch passen zum Jahreswechsel am ehesten die Farben Weiß und Grün. Immerhin: Der Beginn des neuen Jahres ist ein noch unbeschriebenes Blatt. Weiße Kerzen, Perlen, Bänder und Geschirr – das wirkt im Winter stimmig. Dazu ein paar Tupfer Grün, die tröstlich daran erinnern, dass unter der Erde neues Leben wartet. Tatsächlich ist es nur noch Wochen hin, bis sich die ersten Schneeglöckchen an das silbrige Winterlicht wagen und die „Galanthophilen" wieder ihre „snowdrop parties" veranstalten. Der Kreis schließt sich. Zeit, zurückzublicken auf ein Jahr voll mit größeren und kleineren Höhepunkten: als die Kaiserkronen blühten und die Rosen, als die Hortensien erröteten und die Dahlien mit ihren pompösen Blumen protzten. Aber auch Zeit, sich auf das zu freuen, was da kommen mag an neuen Entdeckungen, Ideen und spannenden Experimenten. Und definitiv Zeit zu feiern. Heben wir das Glas. Auf die schönen Dinge dieses Lebens!

Der Elf hat gut lachen: Er darf den Winter im Schutz seiner robusten Freundin, der Christrose *(Helleborus)*, verbringen. So zart deren Porzellan ähnliche Blüten wirken – sie trotzen dem Frost.

Eine kunstvolle Adventsdekoration der fruchtigen Art: Über Bast- und Reisigkränzen wird je eine Reihe aus Polstermoos, Efeufruchtständen und Zieräpfeln gesteckt. Eine Mangostan krönt das Arrangement.

Rudolf hat hier einmal keine rote Nase, dafür aber rote Kerzen und einen roten Weihnachtsbaum aus Hartriegelzweigen, der mit verschnörkelter Korkenzieherhasel und barocken Weihnachtskugeln geschmückt ist.

Bezugsquellen

Arends Maubach
Stauden und Gartenkultur
Monschaustraße 76
42369 Wuppertal-Ronsdorf
Tel. 02 02 - 46 46 10
www.arends-maubach.de

Gärtnerei De Boschhoeve
Boshoeve 3
6874 NB Wolfheze (bei Arnheim)
Niederlande
Tel. +31 (0) 26 - 4 82 12 31
www.boschhoeve.nl

Peter Drecker
Landschaftsarchitekt
Bottroper Straße 6
46244 Bottrop-Kirchhellen
Tel. 0 20 45 - 9 56 10
www.drecker.de

Elfenblume
Am Sportplatz 99
27305 Engeln
Tel. 0 42 52 - 20 40
www.elfenblume.com

Gartenlust
Altemühle 1
58553 Halver
Tel. 0 23 53 - 1 07 40
www.gartenlust-halver.de

Die Gartengalerie
Wössinger Straße 15
75045 Walzbachtal
Tel. 0 72 03 - 18 05
www.diegartengalerie.de

Im Detail/Dekorationen
der besonderen Art
Wilhelmstraße 22
58239 Schwerte
Tel. 0 23 04 - 99 00 56
heidrun.visser@schwerte.de

Kühne Gärten
Pelsstraße 155
46244 Bottrop-Kirchhellen
Tel. 0 20 45 - 1 05 50
kühnegartenbau@aol.com

Noack Rosen
Im Fenne 54
33334 Gütersloh
Tel. 0 52 41 - 2 01 87
Noack-Rosen@t-online.de

Gärtnerei Overhagen
Biljoen
6883 JH Velp (bei Arnheim)
Niederlande
Tel. +31 (0) 26 - 3 62 08 84
www.overhagen.com

Rosenrot
Göttinger Landstraße 75
30966 Hemmingen
Tel. 05 11 - 7 68 29 99
www.rosengalerie.de

Jos und Elo Schick
Blumen- und Naturseminare
Ziegelstraße 27
70734 Fellbach
Tel. 07 11 - 4 59 50 73
www.elobana.de

Moor-Baumschule Vennegerts
Torfabfuhrweg
49828 Georgsdorf
Tel. 0 59 46 - 5 33
www.moorbaumschule.de

Gisela Zeller
Brautstraße 15
27305 Bruchhausen-Vilsen
Tel. 0 42 52 - 43 60

Für meine Eltern
Elke Borkowski

Floristik, Dekoration

Die Fotografin Elke Borkowski bedankt sich herzlich bei folgenden Firmen und Personen für Floristik oder Dekoration auf diesen Seiten:

Arends Maubach, Anja Maubach, Seite 31

Christiane Altfeld-Böhm, Seite 108

Marc Beeckmans, Seite 81

Gärtnerei De Boschhoeve, Dineke Logtenberg, Seite 6, 21, 60, 70, 72/73, 74, 75, 88, 90/91, 110

Gärtnerei De Boschhoeve, Anke Pols, Seite 22, 23, 63, 64, 66/67, 76/77, 100, 103

Peter Drecker, Landschaftsarchitekt, Seite 9, 96, 97, 98, 101 beide, 109

Elfenblume, Margret Jambroszyk, Seite 4, 10, 12, 13, 16, 17, 18, 19, 25, 26, 27, 29, 40, 44 oben rechts, 45, 50, 51, 52/53, 54, 55, 56/57, 58, 59, 61, 78, 79, 80, 82/83, 84, 85, 86, 87, 92, 93, 94, 95, 102, 104, 105, 107, 111

Gartenlust, Karin Schröder, Seite 8, 15 oben, 43, 106

Die Gartengalerie, Monika Tittlbach, Seite 46, 49

Im Detail, Heidrun Visser, Seite 14, 15 unten

Gärtnerei Overhagen, Seite 28, 32 beide, 36, 37, 38/39

Jos Schick, Seite 34

Moorbaumschule Vennegerts, Seite 42

Weitere Bücher des Becker Joest Volk Verlags

Prachtvolle Nutz- und Bauerngärten
163 Seiten mit ca. 220 Farbabbildungen
mit Pflanztabellen, Tipps und Adressen
Format 30 x 24 cm
Text Wolfgang Hensel
Fotografie Jürgen Becker
EUR 29,90 (D) / 31,90 (A) / sFr. 49,90
ISBN 3-9808977-0-2

Zauberhafte Cottage- und Landhausgärten
163 Seiten mit ca. 180 Farbabbildungen
mit Pflanztabellen, Tipps und Adressen
Format 30 x 24 cm
Text Dorothée Waechter
Fotografie Elke Borkowski
EUR 29,90 (D) / 31,90 (A) / sFr. 49,90
ISBN 3-9808977-1-0

Garten-Highlights
163 Seiten mit ca. 200 Farbabbildungen
mit Pflanztabellen, Tipps und Adressen
Format 30 x 24 cm
Text Wolfgang Hensel
Fotografie Jürgen Becker
EUR 29,90 (D) / 31,90 (A) / sFr. 49,90
ISBN 3-9808977-2-9

Pflanzen-Highlights
Von Allium bis Zaubernuss – erlesene Schönheiten
für jeden Standort
212 Seiten mit ca. 200 Farbabbildungen
Format 30 x 24 cm
Text Susanne Wiborg
Fotografie Ursel Borstell
EUR 34,90 (D) / 35,90 (A) / sFr. 57,90
ISBN 3-9808977-4-5

Weitere Bücher des Becker Joest Volk Verlags

Deko-Highlights für Garten, Terrasse und Balkon
Zauberhafte Arrangements, Tischdekorationen und Sitzplätze
– faszinierende Anregungen für das ganze Jahr
162 Seiten mit ca. 180 Farbabbildungen
Format 30 x 24 cm
Text Gisela Keil
Fotografie Ursel Borstell
EUR 29,90 (D) / 31,90 (A) / sFr. 49,90
ISBN 3-9808977-5-3

Ein Garten fürs Leben
Mit Manfred Lucenz und Klaus Bender
durch das Gartenjahr
168 Seiten mit ca. 160 Farbabbildungen
Format 23,8 x 28 cm
Text Klaus Bender und Manfred Lucenz
Fotografie Jürgen Becker
EUR 29,90 (D) / 31,- (A) / sFr. 50,-
ISBN 3-9808977-3-7
Neuauflage Becker Joest Volk Verlag, März 2004

Der Wellness- und Kräuter-Garten
Die private kleine Oase zum Abschalten und Regenerieren
144 Seiten mit ca. 85 Farbabbildungen
Format 23,5 x 27,8 cm
Text Dr. Wolfgang Hensel
Fotografie Jürgen Becker
EUR 24,95 (D) / 26,90 (A) / sFr. 41,90
ISBN 3-938100-01-X

Der Wellness- und Kräuter-Garten

Mit umfangreichen Infos und Tipps zu allen wichtigen Wellness-Kräutern

Ein wertvolles, faszinierendes und ungewöhnliches Buch nicht nur für Gartenliebhaber

Index

Index

Index

Originalausgabe Becker Joest Volk Verlag

1. Auflage Februar 2005 (6.500)

ISBN 3-938100-03-6

Text: Silke Kluth

Fotografie: Elke Borkowski

Layout, Typografie, Satz, Bildbearbeitung, Lithografie, Lektorat: Makro Chroma Werbeagentur, Hilden

Druck: STALLING GmbH, Oldenburg

Für die unermüdlichen Bemühungen um den Erfolg und die außerordentliche Qualität dieses Buches danken wir unseren Mitarbeitern Christiane Elbert (verantwortlich), Ilona Schyma, Stephanie Leidig, Phoebe Päth und Stefanie Müller, unserem engagierten Vertriebsteam Claudia Wilke, Eva Lanz-Ruck, Helga Schweden und Volker Hoebel sowie Birgit Eikenbusch, Dieter Seggewiß und Oliver Marten und den anderen Mitarbeitern von der Verlagsauslieferung Runge für die hervorragende Unterstützung unserer Projekte und unseres Verlags.

Hilden, den 19.01.2005